LES PETITES MUSIQUES

DU MÊME AUTEUR
AUX ÉDITIONS ZOÉ

Les Âmes lestées, 1990

Un nuage sur l'œil, 2004
Prix Bibliomedia

Luce et Célie, 2007
Zoé Poche, 2015

L'Amour émietté, 2011

Le Milieu de l'horizon, 2013
Prix suisse de littérature, prix du public RTS,
prix Alpes-Jura, prix du Roman des Romands
Zoé Poche, 2016

Grand National, 2019
Prix Lettres frontière
Zoé Poche, 2021

ROLAND BUTI

LES PETITES MUSIQUES

ZOE

Les Éditions Zoé remercient la fondation Leenaards
pour son soutien à la publication de ce livre.

www.editionszoe.ch
Maquette de couverture : Notter + Vigne
Illustration : © Bridgeman Images
ISBN 978-2-88907-403-7

Les Éditions Zoé bénéficient du soutien de
la République et Canton de Genève,
et de l'Office fédéral de la culture.

Pour ma sœur

Je ne savais pas que l'obscurité
n'est pas noire
que le jour
n'est pas blanc
que la lumière
aveugle
et que s'arrêter est courir
encore
davantage

Goliarda Sapienza, *Ancestrale*,
traduit de l'italien par Nathalie Castagné

I

Rocca a jeté un œil sur les deux modestes fenêtres illuminées de son foyer et il a soupiré de devoir abandonner derrière lui la tiédeur du réveil pour patauger dans la neige. Il la détestait. Il y en avait une telle couche qu'il ne pouvait pas la piétiner. Des flocons lourdauds tombaient encore, mais avec réticence et sans logique comme si l'air trop froid ne les laissait pas libres de leurs élans. Le ciel prenait la forme d'une immense goutte glacée. Rocca a remonté le col de sa veste, expiré avec force sur le côté pour désencombrer ses narines.

Ce pays n'a pas d'odeur en hiver, a-t-il pensé.

Il a fait un détour par le cimetière. La bise noire avait boursouflé le relief, enfoui sous diverses épaisseurs. Il a gratté la neige de son poing, dégagé le sommet de la pierre tombale avec le besoin de voir le nom d'Angelina gravé. Après deux années de travail en Suisse, Rocca avait obtenu un permis d'établissement de longue durée et sa femme avait pu le rejoindre. Elle était morte quelques jours après la naissance de leur fils. Les membres du *Circolo italiano*, un local au rez-de-chaussée d'anciens ateliers non loin de la gare dans lequel se réunissaient les Italiens de la ville, l'avaient entouré. Les épouses de ses collègues s'étaient relayées chez lui, avaient assuré une présence permanente auprès du bébé. Ivo avait eu cinq mamans. Toutes s'étaient proprement ajustées à son quotidien et Rocca avait fini par s'y habituer. Il fallait bien ce tourbillon de femmes attentionnées pour remplacer celle qui avait mis son fils au monde.

Enfoncé dans un paquet de poudre, il est resté longtemps immobile, jusqu'à être paralysé par le froid, se demandant si Angelina qui n'avait jamais réussi à s'accoutumer au climat des montagnes était au chaud dans son cercueil sous la terre. Il n'a pas versé de larmes ; se sentir peu à peu geler jusqu'aux os lui a raisonnablement servi de prière.

Il a retrouvé du solide sous ses pieds au moment de rejoindre le trottoir de la grande avenue, entre les amoncellements façonnés par le passage des triangles chasse-neige et les façades des imposantes fabriques. Sainte-Croix était un village-rue typique des montagnes jurassiennes avant de se transformer à la fin du dix-neuvième et au début du vingtième siècle en une petite cité ; de vastes bâtiments industriels s'étaient implantés dans les champs et des immeubles avaient remplacé les fermes le long de la route principale. Les habitants étaient devenus ouvriers. Le protestantisme les ayant habitués à l'idée que le travail, en plus d'être un gagne-pain, rend le monde moins chaotique et la société mieux ordonnée, ils ont besogné du matin au soir. Ils se sont mis à fabriquer des boîtes à musique, des automates, des phonographes à disques, des machines à écrire ou des caméras.

En cette première moitié des années cinquante, les usines Thorens produisaient des platines hi-fi, les meilleures sur le marché ; Paillard vendait les inusables Hermès Baby portatives vert tilleul aux écrivains nomades de tous les pays ; Reuge et Lador exportaient des millions de mouvements à musique : les jouets, les tabatières et les dizaines d'autres objets dans lesquels ils étaient insérés devenaient mélodieux grâce aux cylindres et aux lames vibrantes de ces mécanismes miniatures.

Rocca était assembleur à la fabrique de caméras Bolex. Il passait ses journées sur la H16. Lancée en 1935, elle n'avait pas besoin d'électricité pour fonctionner : une manivelle enclenchait son moteur à ressort et actionnait les différentes parties. D'une robustesse à toute épreuve, elle supportait les sables des tempêtes dans les déserts, les projections d'eau salée sur les océans ou les températures glaciales aux pôles. Saint-Exupéry en embarquait une à bord de ses avions, Marlène Dietrich ou le Mahatma Gandhi s'étaient essayés au cinéma avec cet appareil maniable dont les meilleurs réalisateurs du monde vantaient les qualités techniques. Il travaillait sur la toute nouvelle H16 Supreme lancée en 1954, premier modèle de la marque avec une option de visée à travers l'objectif.

Rocca marchait sur le trottoir scintillant, les bras placés loin du corps afin de répartir au mieux son poids et ne pas tomber. Une grande voiture noire est passée au ralenti avec un bruit feutré de moteur. On en voyait rarement de si grosses en ville. Il a eu le temps d'apercevoir les silhouettes d'occupants très agités assis à l'arrière avant de glisser et de sentir le sol se dérober sous lui. Il s'est rattrapé de justesse en s'appuyant contre le mur de la fabrique. La berline a continué jusqu'au carrefour. Une portière s'est ouverte et une femme a été violemment éjectée. Elle essayait maladroitement de se relever dans la neige quand Rocca est arrivé auprès d'elle. Il lui a tendu la main. Elle a agrippé son avant-bras pour se mettre debout.

La voiture a stoppé net au bout de l'avenue. Un homme en est sorti pour déposer une grande valise sur le trottoir.

— Ça va? a-t-il demandé.

— Non.

— Vous avez quelque chose de cassé?

— Peut-être. Comment le savoir?

Ils ont regardé la grosse berline tourner un peu trop vite à l'angle en dérapant avant de disparaître.

— Vous avez mal?

— Oui.

— Où?

Elle l'a fixé comme si cette question trop personnelle était une atteinte à son intégrité physique.

— Je me suis fait mal au cul.

— C'est tout?

— C'est déjà beaucoup.

— Ce n'est pas un endroit qui se casse.

Elle s'est frotté la partie douloureuse:

— Bon, ça peut aller.

Puis, elle a semblé se rétracter et glisser dans son léger manteau trop vaste. L'air s'engouffrait à l'intérieur par le haut et par le bas. Elle a ramené ses mains contre sa poitrine.

— Votre accent ? Vous êtes italien ?

Rocca a acquiescé.

— Et le vôtre ?

Elle l'a dévisagé de ses yeux pâles. Quelques mèches blondes dépassaient de son bonnet et barraient son grand front.

— Allemand. Mais je suis Tchèque. Tchèque de Moravie.

Rocca ne devait jamais oublier, même si par la suite sa vie avec Máša avait servi de correctif à sa première impression, le sentiment qu'il avait assisté à la chute d'un ange dans cette longue avenue, avec de la poudre neigeuse voletant autour d'eux et au loin le fracas des bourrasques s'entrechoquant aux croisements.

— On m'a jetée.

Elle a frissonné.

— Ça…

— On peut dormir quelque part dans ce trou ?

— Il y a l'Hôtel de France.

— C'est cher ?

— Je ne sais pas trop, mais…

— De toute manière, je n'ai pas d'argent.

Rocca s'est gratté la tête sous sa casquette, un endroit étonnamment chaud :

— Je vous paie la chambre.

Il s'attendait à essuyer une rebuffade, mais elle a répondu sans une seconde d'hésitation sur un ton péremptoire :

— On y va !

Il a alors remarqué ses escarpins à minces semelles munies de talons.

Basculée en arrière, puis portée jusque dans le hall d'entrée de l'hôtel, elle a eu l'impression de voler, soudain très légère, d'être soulevée par un courant plutôt que soutenue par les muscles d'un homme de presque cent kilos. Rocca n'en faisait guère plus de quatre-vingts, mais sous l'épaisseur de ses vêtements, il semblait en faire beaucoup plus.

— Je viendrai récupérer la valise. Elle ne risque rien. Rien ne disparaît jamais chez nous.

— C'est ce que vous croyez.

— Non, non, je vous assure.

Rocca est passé la voir le lendemain après le travail pour savoir si tout allait bien. Il a demandé après elle au concierge à la réception.

— Elle est dans le petit salon, lui a-t-il répondu avec un regard par en dessous.

Les grands yeux bleus presque transparents de Máša n'ont pas tout de suite quitté le vague pour se fixer sur lui. Le temps de sortir de ses pensées et de réaliser où elle se trouvait peut-être.

— Oh ! Vous êtes venu.

— Bonjour.

— Asseyez-vous !

— Merci.

— On peut se dire tu, Rocca ?

— Oui.

— Tu as peur de moi ?

Rocca s'est empourpré.

— Non, non. Pourquoi ?

— On dirait. Tu as le visage chiffonné.

Il fallait deux jours pour monter une caméra et c'était une tâche complexe. Rocca manipulait des pièces minuscules à portée de main dans des tiroirs ; il était penché du matin au soir sur des goupilles, des engrenages, des pignons, des rivets et des courroies miniatures nécessitant des gestes mesurés et précis. Il avait fini par développer dans sa vie quotidienne et dans les relations avec les autres une attitude générale de prudence embarrassée, comme si la réalité dans laquelle il devait évoluer en dehors de l'atelier, trop vaste et trop changeante, lui causait de la gêne.

Il a voulu protester, mais rien n'a dépassé ses lèvres.

— Rocca, ça sonne bien.

— Mon nom est Roccasecca, Dino Roccasecca.

— Cela ne te dérange pas si je t'appelle Rocca ? C'est dur et tendre à la fois.

— Ça me va. Tout le monde dit Rocca.

— Et ces paquets de neige qui effacent tout... a soupiré Máša.

— De novembre à avril...

— C'est... c'est comme un baisser de rideau.

Elle a fait une pause. Elle a allumé une cigarette.

— Comment ai-je pu atterrir ici ? Je me suis même posée assez brutalement...

Elle a porté un regard doux sur Rocca, puis elle a souri :

— Tu m'as cueillie. Je suis tombée et tu m'as ramassée.

— C'est la moindre des choses.

— Tu es gentil.

— Qu'allez-vous... que vas-tu faire maintenant?

— Je suis perdue.

— Mais non...

— Plus rien ne m'attache à rien...

Elle a expiré et la fumée de sa cigarette a ondulé dans la pièce.

— C'est sans doute exactement le genre de situation qui nous libère d'un certain nombre de contraintes... a-t-elle dit dans un soupir.

Elle a passé une semaine à l'Hôtel de France. Rocca allait la trouver tous les jours après son travail. La douceur infinie avec laquelle il actionnait la molette du briquet quand il lui donnait du feu l'impressionnait; sa façon d'ouvrir et de fermer les portes avec tendresse, comme par respect pour le système simple des poignées, la touchait. Il était habitué à se concentrer sur des objets de petite taille. «Jamais un homme ne m'a maniée avec autant de délicatesse que toi», lui a-t-elle dit après l'amour.

Rocca était descendu en ville avec Máša à son bras pour la première fois deux semaines après son installation chez lui et il ne pouvait pas se libérer de la crainte insidieuse de la voir disparaître aussi brutalement qu'elle était entrée dans sa vie. Chassée de

Tchécoslovaquie par l'Armée rouge parce que d'origine allemande, la famille de Máša s'était réfugiée en 1945 dans les ruines de Berlin-Est. Elle y avait joué dans des théâtres de la République démocratique allemande qui sentaient la poussière. Après le soulèvement populaire de juin 1953, elle avait fui l'ancienne capitale du Reich pour suivre à l'Ouest son amant qui rêvait de cinéma, à peine surprise ensuite de découvrir que rien n'avait fonctionné comme prévu. Ils étaient venus à Sainte-Croix pour tester des appareils de prise de vues. Elle avait tiré un trait définitif sur ce passé et cette capacité à l'occulter sans en parler autrement que par bribes confuses était une source d'inquiétude pour Rocca. Allait-elle monter dans le train sur un coup de tête, gagner la plaine et partir loin en ne gardant qu'un vague souvenir des montagnes ? Ses craintes s'étaient lentement estompées au fil des mois, puis des années.

Máša avait mis pour l'occasion son manteau en fourrure de lapin souple aux hanches et ample jusqu'aux chevilles, une ligne « trapèze » qui allait être très à la mode de l'autre côté du rideau de fer. Elle portait une chapka assortie dont les parties rabattables lui couvraient les oreilles et la nuque, un type de chapeau également inédit dans les vallées jurassiennes. Des lunettes de soleil la protégeaient des scintillements lumineux et des flocons mêlés de grésil. Rocca était fier d'être en sa compagnie : Máša capable d'en remontrer à tous, Máša qui savait ne pas être modeste, Máša qui marchait la tête haute, le regard dirigé vers un horizon qu'elle semblait faire mine de scruter au-delà des sommets. Elle donnait la main à Ivo, deux ans ; à chaque rafale, il disparaissait en partie dans les replis de la fourrure de lapin.

— *Rocca ! Sei tu ?*

Un collègue de la fabrique accompagné de sa femme leur a fait un signe du bras dans la Rue centrale et après avoir un peu hésité, ils ont bravé de face la bourrasque glaciale pour les rejoindre devant l'épicerie Simon.

— Quelle drôle de question !

Ils ne pouvaient s'empêcher de regarder Máša en coin. Elle avait eu un mouvement de défiance instinctive au moment où ils s'étaient approchés.

— Avec ces accoutrements pour affronter…

— C'est le blizzard.

— Oui. Quelle froidure !

Ils sont restés silencieux et transis un moment, remontant leurs cols et enfonçant leurs casquettes, la tête dans les épaules, comme pour mieux jauger la réalité d'un pays aux hivers définitivement trop longs et trop rigoureux. Ivo s'est collé à la femme. Elle s'est accroupie pour le prendre dans ses bras. Elle l'a serré contre elle.

— *Ivo ! Come stai ?*

Elle ne le lâchait pas, lui caressait le dos, lui donnait des becs sur les joues et sur le front et il se laissait faire. Avec des balancements et des piétinements pareils à des pas de mazurka, Máša s'est avancée vers eux et la base trapézoïdale de son manteau a virevolté. Elle a ôté ses lunettes de soleil, planté ses yeux dans ceux de la femme, lui a tendu la main en disant très fort et en détachant chaque syllabe :

— Je suis Máša.

Elle a bien dû se séparer d'Ivo pour les présentations. Elle s'est légèrement arc-boutée sur son mari pour se redresser.

— Enchantée. Je suis Maria. Et c'est Eufemio. Il travaille à la fabrique de caméras avec…

— *Ich weiß.*

— Je me suis occupée d'Ivo quand il était petit.

— *Ich weiß.*

Recroquevillée sous ses couches de vêtements, Maria ne pouvait s'empêcher de dévisager la portion de la figure de l'inconnue entourée par la chapka : mince, sans maquillage, lisse et blanche avec des yeux vifs clairs et très bleus.

— Je vous présente ma compagne, a dit Rocca.

— Enchanté, a bredouillé Eufemio en soulevant pour la forme sa casquette de quelques centimètres.

Quelque chose a claqué dans le ciel comme un coup de fusil, le volet mal fermé d'une maison de la rue sans doute. Ils ont tous eu le nez en l'air pendant quelques secondes. Assurément, ils auraient aimé que Rocca soit un peu plus prolixe sur sa rencontre avec cette femme. Ils auraient voulu savoir comment et où il avait bien pu faire la connaissance d'une étrangère diaphane avec des allures d'actrice de cinéma. Il ne devait par la suite jamais être très loquace sur le sujet. Ni l'un ni l'autre n'ont plus osé regarder en direction de Máša qui avait remis ses lunettes noires et ils ont eu la vague sensation qu'elle n'était plus vraiment là.

Eufemio et Rocca ont discuté caméras ; on parlait à la fabrique d'une amélioration possible du petit levier d'obturation du viseur des nouvelles H16 Supreme.

— Attends, Ivo ! Je reviens tout de suite, a dit Maria et elle s'est engouffrée dans l'épicerie Simon.

Ce qui tombait du ciel autour d'eux a commencé à faire tac, tac, tac ; la neige durcie par le vent cinglait leurs habits.

— J'ai froid ! a dit Ivo

— Viens !

Máša a soulevé un pan de son manteau :

— Glisse-toi dessous !

Il a entièrement disparu, à l'abri dans la peau de lapin, enveloppé comme dans un duvet.

Maria est revenue avec une petite boîte de Sugus à la main.

— Mais… où est Ivo ?

— Au chaud, a répondu Máša en lui faisant remarquer les pieds du garçon.

— Les bonbons…

— Je les prends !

Elle a tendu le bras et Maria les lui a donnés à contrecœur. Ils se sont souhaité un bon dimanche avant de se séparer. Pliés en deux pour affronter les rafales, Eufemio et Maria ont lentement remonté la rue. Elle s'est retournée une dernière fois dans l'espoir d'apercevoir Ivo. Elle avait été une mère de remplacement à temps partiel pendant la première année de la vie du garçon, mais cette époque était révolue : une mère à temps plein avait établi ses quartiers chez Rocca.

II

Máša travaillait à l'expédition dans une fabrique de boîtes à musique. Les paquets qu'elle confectionnait descendaient en plaine deux fois par semaine. Un camion les acheminait jusqu'à Bâle. Transportés ensuite par des péniches sur le Rhin ou par voie ferroviaire à Rotterdam, ils étaient chargés sur des navires à destination d'autres continents. C'était pour elle une chose assez mystérieuse : comment pouvait-on autant apprécier, et à tant d'endroits différents et même aux antipodes, ces petites mélodies répétitives sortant de boîtes à cigarettes, de porte-cigares, de chopes, de jouets, de tabatières, de chalets suisses miniatures ou de rouleaux pour papiers de toilette ? Elle les trouvait lassantes après un court moment ; à n'en pas douter, ces ritournelles pouvaient rendre fou quiconque les écoutait trop souvent.

Rocca montait les dimanches avec ses enfants, Ivo et Jana, née deux ans après l'irruption de Máša dans sa vie, jusqu'à l'alpage de la Cruchaude pour regarder les matchs de football à la télévision. Ils se retrouvaient à mille deux cents mètres d'altitude en pleine nature, seule manière de capter les ondes de la RAI. Aucune transmission ne passait dans la ville de sept mille habitants, tapie entre deux plis du Jura au fond d'une cluse. Il fallait un endroit surplombant bien dégagé et une antenne un peu améliorée – des fils en V, un réflecteur – pour espérer voir le championnat d'Italie. Ce jour-là, Rocca était nerveux. Il y avait un véritable enjeu : la *squadra* de Bologne avait terminé le tournoi 1963-1964 à égalité avec l'Inter de Milan. Un match exceptionnel était organisé à Rome pour savoir quelle équipe allait pouvoir coudre le *scudetto* sur ses maillots.

Ivo et Jana, douze et dix ans, avaient reçu de leur mère un sac de jute rempli de mouvements Colibri jetés au rebut à cause de légers défauts de fabrication. Ils mesuraient deux centimètres sur deux et pesaient dix grammes. Un cylindre hérissé de goupilles tournait sur un axe parallèlement à un peigne, soulevait des lamelles de métal qui vibraient. Ces mécaniques lilliputiennes parfaitement audibles à plusieurs mètres de distance étaient insérées dans de petites boîtes en bois peintes et illustrées, avec une clé de remontage pour tendre le ressort.

Ils secouaient la toile et l'une ou l'autre émettait quelques notes, un air sans queue ni tête et cela les faisait beaucoup rire.

— Allez jouer plus loin !

Assis sur un talus, ils ne faisaient pas attention à leur père.

Rocca essayait d'orienter dans la bonne direction l'antenne fixée avec du ruban adhésif sur le toit de la voiture, une Fiat 600 quatre portes qui était sa fierté. Des corneilles décrivaient des cercles au-dessus de lui, lançaient des « krra krraa » rauques qui l'agaçaient. Il levait les yeux vers le ciel, persuadé que leur ronde et leurs battements d'ailes perturbaient les ondes. Il gesticulait, mais elles n'étaient pas du tout impressionnées et se rapprochaient.

— *Ciànfer di merda !*

Sur l'écran du poste posé sur le capot, l'image restait stable quelques secondes avant de se décomposer en bandes qui défilaient à toute vitesse de bas en haut. Une dizaine de notes sont sorties du sac. Jana a éclaté de rire en poussant son frère qui a roulé dans l'herbe.

— *Basta !* Allez jouer plus loin !

Rocca a jeté un regard noir sur ses enfants, puis sur les oiseaux qui faisaient maintenant mine de vouloir piquer sur lui.

— Tu as vu celle avec la danseuse.

— Et celle avec l'ours.

— Tourne-la !

— Et celle-là !

— Avec le carrousel.

— Tourne-la aussi !

— Et l'autre.

— Encore, encore.

Ils ont entendu en simultané *La Mer* de Trenet, *La Panthère rose* de Mancini, *La Marseillaise,* puis une mélodie très fausse – il manquait plusieurs piques aux cylindres – de Mendelssohn.

— Et la jaune…

— Celle avec le cirque ?

— *BASTA !*

Après de nombreux essais infructueux, Rocca a fini par poser l'antenne sur la route pierreuse. Il s'efforçait de repérer le ballon parmi la multitude de points lumineux sur l'écran : difficile de comprendre les mouvements des équipes dans ce qui ressemblait à une tempête de neige. Haller, le milieu offensif de Bologne, n'arrivait pas à avancer vers la cage des buts comme s'il était victime d'un vent de face trop fort.

— *Via ! Adesso via*! *Via con queste musiche !*

Jana a remis les boîtes dans le sac. Elle l'a donné à son frère. C'était toujours elle qui décidait pour son aîné. Elle a braqué ses yeux vers la forêt.

— Viens ! Suis-moi !

Ils ont quitté le chemin, traversé le pâturage pour descendre vers le bois. Un souffle tiède parcourait les vallées latérales et montait vers les crêtes. La voix du speaker et les cris de la foule qui grésillaient dans le poste se sont éparpillés loin derrière eux. Ils ont marché en silence sur des pierres sèches blanches recouvertes de lichen, puis sur l'humus souple. Par endroits, des fleurs jaunes en touffes irrégulières ressemblaient à des marguerites, mais comme freinées dans leur croissance.

— On s'éloigne trop.

— Mais non, a répondu Jana et elle a pris la main d'Ivo en glissant ses doigts entre les siens.

Ils ont traversé une combe parsemée d'immenses rochers arrivés jusque-là on ne sait comment.

— Regarde.

— Quoi ?

— Là, sur le caillou.
— Oui.
— Tu ne vois pas, Jana ?
— Non.
— Suis mon doigt !
— On dirait un coquillage.
— Il y avait la mer ici, avant.

Les montagnes du Jura n'ont pas toujours existé ; un vaste océan recouvrait tout il y a très longtemps. Des quantités infinies de grandes et de minuscules bêtes à carapaces se sont entassées au fond, cadavres minéralisés qui ont formé de colossaux bancs de roches au cours des millénaires. Voilà comment des choses mortes ont pu être des choses vivantes, leur racontaient leurs maîtres d'école. Les maisons rassemblées autour des usines, les fermes accrochées à ce sous-sol très ancien n'étaient pour Ivo et Jana que des aménagements éphémères, un peu comme des parasites fixés sur la peau d'un immense mammifère marin ; ils gambadaient avec naturel et désinvolture sur cette terre poreuse fendillée de gouffres.

Ils se sont retrouvés dans une vaste fondrière emplie de mousses humides jamais touchées par les rayons du soleil. Ils se sont arrêtés de marcher. Jana s'est transformée en statue. Elle a fermé les yeux. Ivo a fait de même. Ils ont écouté ce qui devenait une respiration autour d'eux. Le sol palpitait. Prise au piège dans toutes les irrégularités du terrain, dans les ravines, affaissements ou alvéoles, partout de l'eau était lentement aspirée dans les profondeurs avec un bruit infime et diffus de succion. Sous leurs pieds, très loin dans les abîmes, des rivières souterraines alimentées par des entonnoirs coulaient avec des parcours sinueux.

Jana a tremblé de froid. Elle portait une jupe courte et une blouse étriquée. Ivo lui a caressé le bras, puis la peau durcie de la cuisse.

Elle a ouvert les yeux et murmuré :

— Il n'y a rien à dire.

Jana prononçait très souvent cette phrase, la plupart du temps après un long moment de silence, mais aussi parfois de manière impromptue ; elle s'arrêtait alors net au milieu d'une activité, le temps d'une absence, et souriait d'aise.

Ils ont traversé une clairière entourée de grands hêtres pour atteindre un groupe d'épicéas qui avaient l'air d'avoir été plantés en quinconce. Ils se sont agenouillés au pied d'un tronc devant un tertre monumental de fourmis rousses pour étudier leur va-et-vient. À force d'observation, ils ont considéré les déplacements comme très logiques. Jana a caressé le dôme de brindilles et de débris de feuilles imbriqués :

— C'est moelleux. Touche !

Ivo a mis sa main à côté de celle de sa sœur et les insectes interrompus dans leurs trajectoires, agités et occupés à se donner des signaux, ont fini par escalader les deux obstacles et reconstituer leur colonne.

Jana a posé le sac de boîtes à musique par terre, a fait volte-face et s'est laissé tomber en arrière sur la fourmilière, les bras écartés dans un nuage de poussière. Elle est restée immobile les yeux grands ouverts.

— C'est confortable ? a demandé Ivo.

— Oui.
— Prends ma main !
— Non.
— Pour te relever.
— Non.
— Tu vas avoir des fourmis partout dans tes habits.
— Tais-toi !

C'était précisément son désir : être envahie. Elles ont parcouru son visage de long en large, spécialement intéressées par sa bouche serrée, par ses narines dans lesquelles quelques-unes ont fait des allers et retours et par les paupières dont elles ont étudié les bords avant de s'aventurer dans l'épaisseur des cheveux. Ses jambes sont devenues noires. Des commandos très organisés ont disparu sous sa jupe à la recherche de parties plus secrètes. Avec aux lèvres un étrange sourire de pharaon saisi pour l'éternité dans la pierre, Jana prenait un plaisir intense à être explorée. Elle voulait couler dans la profondeur douillette de la fourmilière, s'enfoncer au centre des galeries innombrables pour se métamorphoser en reine de la colonie, objet d'une dévotion sans limites.

Elle s'est réveillée d'un coup et son frère l'a aidée à se lever.

Il a soufflé sur ses bras, sur ses épaules, puis sur ses cuisses. Les insectes tombaient autour d'elle après de désolantes expériences de premier vol.

— Ne leur fais pas de mal !
— Tourne-toi !

Elle a retiré sa robe.

— Ferme les yeux !

Il a obéi.

— Tu ne regardes pas !

— Non. Non.

— Approche !

— Qu'est-ce que tu veux ?

— Souffle !

— Où ?

— Le ventre.

— Comme ça ?

— Oui. Plus bas maintenant.

Par bouffées, il l'a débarrassée en suivant ses instructions. Il entrouvrait à peine les paupières pour apercevoir les taches noires mouvantes sur sa peau.

— Tu me regardes !

— Non. Non. Non.

La transpiration de Jana sentait le lait chaud du matin, mélangé aux odeurs de la forêt. Elle s'est rhabillée.

— J'ai une idée, a-t-elle dit.

Installés sur une souche, ils ont sorti les musiques du sac. Ils ont écouté les dix-huit notes de *Where Do I Begin*, leur air préféré. Puis, Jana a remonté le mécanisme, insinué deux aiguilles d'épicéa encore un peu vertes entre le boîtier et la manivelle de manière à l'empêcher de se mettre en marche. Après une minute, les courtes tiges cédaient sous la pression ; le cylindre tournait et soulevait les lames en acier pour produire la mélodie.

— Ça fonctionne !

Elle était fière de son ingénieux système de retardement. Elle l'a glissé à l'intérieur d'un trou foré dans le tertre. Il est devenu musical. Successivement ou en simultané, les fourmis ont pu profiter du *Boléro,* de *Jingle Bells,* de la *Paloma* et de *Let It Be.* Ivo a demandé si les insectes avaient des oreilles pour percevoir des sons et Jana lui a répondu qu'elle ne savait pas, mais qu'ils devaient au moins être sensibles aux vibrations.

Ils ont entendu leurs prénoms résonner au loin. Entre les troncs nus et espacés, ils ont essayé de repérer leur père. Ivo l'a aperçu en premier, plus bas dans la pente dans une légère dépression, simple silhouette entre deux gros blocs de roche blanche.

— Pa...

Jana a plaqué sa main sur sa bouche.

— Chut!

Ils se sont cachés dans un étalement de fougères. La nuit envahissait de plus en plus le sous-bois; l'humidité montait du sol et formait des amas de vapeurs brillantes dans les irrégularités du terrain, pareils à de petits lacs profonds.

— Couche-toi!

— Mais...

Jana l'a forcé à se baisser. Ils se sont tapis, serrés l'un contre l'autre. Rocca escaladait non sans mal un creux en attrapant des branches au passage. Il a décrit un demi-cercle en les appelant. Puis il s'est assis sur une souche. Il s'est épongé le front. De leur cachette, ils ne pouvaient pas voir s'il était fatigué, résigné ou accablé. Peut-être tout cela à la fois. Jana a sorti plusieurs boîtes du sac. Elle a placé avec d'infinies précautions des aiguilles dans quatre d'entre elles avant de les glisser dans le pli de sa robe. Elle s'est levée et a couru de droite et de gauche en marquant de courtes pauses, dissimulée derrière des troncs. Elle est revenue avec les joues rosies. Les reins calés contre la terre humide, ils se sont allongés côte à côte en se donnant la main.

Aux craquements de branches sèches, ils ont compris que leur père se dirigeait vers une première mélodie.

— Jana ! Ivo ! hurlait-il.

Ils l'ont entendu piétiner les fourrés autour de lui jusqu'à ce qu'une deuxième musique se mette en marche à vingt mètres derrière son dos. C'était *La Vie en rose*. Il s'est énervé avant de courir dans un autre coin de la forêt où commençait à retentir *Rêve d'amour* de Franz Liszt. Ils faisaient un effort pour ne pas pouffer de rire.

— *Adesso basta con gli scherzi !*

Ivo a voulu se redresser, mais Jana l'a collé au sol avec le bras, lui intimant l'ordre de surtout ne pas bouger. Rocca est retourné s'asseoir sur sa souche. Il allait les user jusqu'à ce qu'ils sortent de leur cachette.

— On ne devrait pas…

— Chut ! Pas si fort.

— Maintenant, c'est…

— Tu as froid ?

— Oui.

— Approche-toi !

Jana était figée. Sa cage thoracique montait et descendait légèrement au rythme de sa respiration.

— Ça va ?

— On est bien.

Elle avait une manière bien à elle de ralentir son métabolisme. Ivo se laissait effleurer la joue par l'air tiède qui sortait des narines de sa sœur. Elle s'est appuyée sur le coude pour le regarder. Puis elle s'est penchée sur lui :

— Ton oreille, c'est un petit animal endormi.

Elle a approché sa bouche du conduit et il a senti couler un long filet de salive à l'intérieur.

C'était doux. Il lui a souri. Il a voulu parler, mais elle a murmuré :

— Il n'y a rien à dire…

III

Jana s'est levée pour aller au pupitre du maître lui montrer son écriture. Les garçons du premier rang se sont esclaffés. La chaleur suffocante dans la salle, fenêtres grandes ouvertes, collait sa jupe un peu remontée. Elle ne s'en souciait pas ; elle n'a fait aucun mouvement pour y remédier. Elle a seulement tourné la tête pour braquer sur Aimé et Daniel un regard de détachement rêveur. Monsieur Henry a émis un rugissement. Il a soulevé un côté de sa grosse règle carrée posée devant lui pour la claquer contre le pupitre. Tous ont fixé leurs cahiers. Jana est montée sur l'estrade et on n'a plus entendu que la rumeur du dehors.

Les rues étaient désertes pendant les heures de travail ; quatre mille ouvriers trimaient dans les usines mécaniques. Un crépitement laborieux et monotone envahissait la ville ; l'air s'emplissait de petits bruits métalliques, un cliquetis continu semblable au bourdonnement d'insectes acharnés à frotter leurs élytres. Cela avait pour effet de favoriser la torpeur des élèves, une forme d'abattement aussi. Pour la plupart, devoir dans peu de temps quitter les bancs alignés de l'école pour ceux des fabriques, avec la même discipline, avec d'autres messieurs Henry, était une perspective particulièrement navrante.

Aimé et Daniel ont discrètement levé les yeux de leurs cahiers pour reluquer Jana.

— Ce n'est pas le texte que tu devais copier !

Monsieur Henry s'est raclé la gorge avant de lire à haute voix :

« Il a plu. Il vente
Rien ne me tourmente
Avec mes bonnes chaussures
Je vais à toute allure… »

Il a lentement posé ses lunettes sur la table, puis s'est reculé avec sa chaise pour prendre la mesure de son élève.

— Qu'est-ce que cela veut dire ?

— C'est ce qui m'est passé par la tête.

— Pourquoi n'as-tu pas recopié le texte dans ton livre ?

— Parce que…

— Tu crois que tu pourras toujours faire ce qui te passe par la tête ?

— C'est un poème.

Les deux garçons ont ricané, aussitôt interrompus par le bruit cinglant de la règle sur le bureau. Tous devaient reproduire un texte à la plume de leur plus belle écriture, puis venir le soumettre au jugement du maître. Lorsque celui-ci estimait la perfection atteinte à force d'application, il découpait une dizaine de lignes, collait l'échantillon sur un carton, ensuite punaisé au mur. Résultat d'un effort soutenu, ce modèle serait par la suite comparé à chaque production de chaque élève. Mais la plume de Jana refusait avec opiniâtreté de lui obéir.

— Et ce *p* ? Tu trouves que c'est un *p* ? a dit monsieur Henry.

Elle s'est penchée un peu plus ; elle a fait semblant de s'intéresser de près à la forme de son *p*.

— Il est tordu.

— Oui, monsieur.

— Regarde tes lettres. Elles ont toutes une taille différente.

Jana a presque collé son nez à la feuille.

— C'est que…

— Tu as sans doute une explication.

— Non.

— Tu dois rester dans les lignes. Ce n'est pas difficile pourtant.

Jana a respiré l'odeur de transpiration et l'haleine chargée de tabac de l'instituteur, une poche dégoûtante de mauvaise hygiène autour de lui. Ce monsieur Henry avait un jour, à coup sûr il y a très longtemps, renoncé à plaire à ses semblables. Elle a soupiré. Son esprit a divagué. La rumeur lointaine des usines aux grandes fenêtres ouvertes sur les rues a pris toute la place dans sa tête. Les bruits résonnaient avec clarté, détachés les uns des autres ; s'ils se donnaient le mot, les ouvriers attelés à leurs établis auraient pu buriner, battre ou polir à tour de rôle et créer une mélodie, a-t-elle pensé.

— On dirait des macaronis trop cuits.

— Pardon ?

— Tes lettres sont molles. On dirait des macaronis trop cuits, a répété monsieur Henry.

Le premier rang a pouffé. Jana a toisé de haut en bas et de bas en haut ses camarades, gonflée d'indifférence.

— Tu m'écoutes ?

— Hein ?

— Tiens-toi droite ! Mieux que ça ! Tends ton bras !

C'était la punition rituelle : des coups de règle sur les extrémités des doigts réunis et dressés en forme de cône.

— Dix fois, a précisé monsieur Henry.

Jana n'a pas bronché ; elle fixait l'instituteur avec le regard de celle qui a sorti une carabine et la pointe calmement sur quelqu'un.

— Bien fait pour toi, bouffeuse de macaroni ! a fusé du premier rang.

Les visages d'Aimé et de Daniel se sont séparés de leurs corps, bizarrement déformés, flottant au vent comme des drapeaux quand, après être descendue de l'estrade, Jana s'est approchée d'eux. Cela n'a pas été difficile de les attraper, d'enfoncer très profondément les doigts dans leurs quatre narines. Elle les a obligés à se lever, suspendus au bout de ses bras. Elle les a soulevés et soulevés pendant qu'ils hurlaient comme si elle voulait atteindre leurs cervelles de la pointe de ses ongles pour en extirper des excroissances malsaines.

Elle a senti la poigne de monsieur Henry sur ses épaules. Il l'a brusquement tirée en arrière. Les deux garçons se sont affalés sur leurs chaises, les yeux exorbités.

Les bancs alignés, le tableau noir, le vieux parquet, les murs bruts avaient la pesanteur de la mort, mort qui doit bien ressembler un peu à l'ennui. Tout était trop compact, fait de matières denses et épaisses avec pour effet de rendre l'air crayeux dans la salle de classe. Cette pâte pouvait glisser dans les poumons, devenir une barre oppressante, pénétrer sournoisement l'organisme comme une maladie grave : Jana détestait être enfermée.

— Vite. Dépêche-toi !

Ivo venait d'ouvrir la porte.

Après avoir entendu Aimé et Daniel et Simon se réjouir de savoir Jana punie et emprisonnée dans une salle de classe, Ivo avait baladé le vieil instituteur dans les étages en disséminant des petites musiques, le temps de s'introduire dans son bureau, de subtiliser le trousseau de clés, de monter au premier pour libérer sa sœur, de le remettre ensuite en place sur sa table sans être repéré.

Ils ont traversé la cour à toutes jambes, dévalé le talus qui surplombait la rue de l'Industrie, ont quitté la ville par le chemin qui serpente jusqu'à la Gittaz. Haletants, ils se sont arrêtés pour souffler à l'orée de la forêt.

— Les arbres ne poussent pas la nuit, a dit Ivo.

Jana a souri.

— La sève grimpe le jour à cause de la lumière et de la chaleur. Ils profitent de l'obscurité fraîche pour récupérer des forces.

L'oreille collée contre les troncs et les tapotant, Ivo était aussi arrivé à la conclusion que la face orientée au sud-ouest, exposée aux courants et aux rafales, avait une épaisseur différente, des fibres resserrées beaucoup plus denses; les sapins se créaient naturellement une carapace pour mieux résister aux intempéries.

Ils ont traversé les bois en se donnant la main.

« Il a plu. Il vente
Rien ne me tourmente
Avec mes bonnes chaussures
Je vais à toute allure… »

Jana avait toujours au fond de sa poche un calepin dans lequel elle écrivait de courts poèmes. Le plus souvent, elle transcrivait ce qu'elle voyait. C'était comme une succession de photographies, mais avec des mots. Ivo s'amusait de l'écart entre ce qu'il voyait et ce qu'elle lui lisait. Ils ont enjambé un mur de pierre sèche – les prés en étaient quadrillés –, ils se sont glissés à quatre pattes sous des fils barbelés – les prés en étaient quadrillés –, ils sont passés près de génisses peureuses groupées autour d'une vieille baignoire servant d'abreuvoir. Une bête les a chargés. Paralysée par le cri d'intimidation de Jana, elle s'est arrêtée net. Ils se sont assis un peu plus loin sur une rondeur herbue. Elle a sorti son carnet pour écrire.

« Près de la citerne, il y a les vaches

Près des vaches, il y a le taureau
Le taureau nous a vus.
Il tempête, sauve qui peut ! »

— Bon, tout de même un taureau…

Jana a haussé les épaules :

— Tu ne comprends rien.

Ivo ne comprenait pas rien, mais il ne comprenait pas tout. N'empêche, il se demandait parfois si ce que voyait sa sœur pouvait devenir la réalité.

Les nuages pommelés posés sur les sommets se sont épaissis, puis ils se sont assombris.

« Dogue paresseux
Le mont Suchet est bleu
Le ciel est noir
Il s'endort, c'est le soir », a écrit Jana juste avant le début de l'averse.

Ils ont couru sous un couvert, un immense toit en tôle à deux pans qui alimentait une citerne au milieu d'un pâturage. La pluie battait le métal au-dessus de leurs têtes avec un bruit de tambour et quelques gouttes entraînées par une bourrasque leur cinglaient parfois le visage ou les jambes.

— Déplaçons-nous plus au centre, a suggéré Jana.

— Tu as froid ?

— Non.

— Là, c'est bien. On est hors de portée.

— Je vais ôter mon pull.

— Il est un peu mouillé, mais on peut s'asseoir dessus. Viens !

L'eau semblait jaillir de la pierre des montagnes. Elle arrivait par en dessous et par en dessus ; des ruisseaux se formaient tout près de leur refuge précaire, dessinaient de petits lacs vite emportés par de brusques saccades.

— Tu as peur ?

— Mais non !

— Ça ne tombe pas loin.

— Tout devient blanc.

— On dirait des flashs.

— Je vois ton visage

— Moi aussi.

— Quel coup !

— C'est sur le toit.

— Non. Non.

La montagne s'est élargie avec la nuit. Les sommets si imposants la journée ont disparu noyés dans l'obscurité avant de se confondre avec le ciel. Le vent tiède montait rapidement vers les crêtes après avoir parcouru la vallée.

— On dirait que tout est renversé, a dit Jana.

Blottis l'un contre l'autre, ils en voulaient à leurs corps d'être trop exigus pour les contenir tout entiers.

— Tu n'es pas un garçon.

— Qu'est-ce que tu racontes ?

— Tu n'es pas un garçon. Tu es mon frère.

— Oui. Et alors.

— C'est différent.

Ivo ne devait jamais plus être aussi proche de sa sœur qu'à cet instant. Il ne savait pas qu'elle allait bientôt s'éloigner de lui, puis disparaître longtemps avant qu'il ne la retrouve.

Rocca était sorti de l'usine en fin d'après-midi avec un sentiment de grande satisfaction. Il marchait à pas rapides sur le trottoir de l'avenue des Alpes. Il essayait de résister à une impression de légèreté : les façades des immeubles en plein soleil tremblotaient, les voitures glissaient sans bruit comme si elles ne touchaient plus le sol. À l'ouest, des nuages noirs empilés sur le Mont-des-Cerfs annonçaient un orage et tout prenait l'apparence d'un décor délicat maladroitement accroché au ciel immense. C'était plus fort que lui : il ne pouvait s'empêcher d'adresser un sourire de connivence un peu mystérieux aux personnes qu'il croisait. Il y a des situations, toujours très particulières et qui ne durent pas, où un homme a l'illusion d'être au monde dans une place conquise. Il allait faire un crochet à l'épicerie, puis à la quincaillerie où il avait repéré dans la vitrine un carton de flûtes à champagne.

Les experts de la fabrique travaillaient depuis plusieurs semaines sur les nouveaux modèles de caméra. Ils étaient confrontés à une difficulté : la cadence des prises de vues n'avait pas la stabilité souhaitée. Rocca passait son temps à assembler des appareils, puis à vérifier le rythme des moteurs au stroboscope ; il avait remarqué un problème de vitesse, effet de la position un peu trop distante du régulateur centrifuge. Il avait demandé une entrevue avec le contremaître de l'atelier, puis avec les ingénieurs. Il avait pu expliquer son idée : décaler deux éléments pour faire une place plus près du mécanisme d'entraînement à cette pièce indispensable pour l'équilibre des images. Les essais s'étaient révélés concluants.

Le directeur l'avait reçu dans son bureau à la fin de sa journée de travail. Rocca avait pu s'asseoir pour discuter technique et caméras avec lui. Au moment de se quitter, il l'avait chaleureusement félicité avec une poignée de main en lui disant : « Vous êtes plus qu'un simple ouvrier, désormais vous faites en quelque sorte partie de l'équipe de production. » Il ne savait pas au juste quel sens donner à cette phrase et il n'avait pas été question de gratification ou d'augmentation de salaire, mais on allait dorénavant lui accorder de la considération au sein de la société.

Il rentrait avec une bouteille et le carton contenant quatre flûtes en cristal emballées dans du papier journal. Habillée pour sortir, Máša patientait au salon.

— Rocca ! Il est arrivé un malheur. *Himlhergot* !

— Calme-toi !

— *Ich wartete auf dich.*

— C'est-à-dire que…

— Tu es en retard !

Rocca s'est approché d'elle, mais elle a fait un pas de côté.

— Que se passe-t-il ?

— L'école a téléphoné. C'est Jana. Le maître a exigé que tu ailles la chercher en personne.

— À l'école ?

— Oui.

— Mais qu'est ce qui est arrivé ?

— Une bagarre. Jana est peut-être blessée.

— Pourquoi dis-tu cela ?

— Parce qu'ils t'ont demandé à toi de venir le plus vite possible.

— Je pose mes affaires et j'y vais.

— Je t'accompagne.

— Mais…

— Tu ne discutes pas. Une mère a autant de droits qu'un père.

Rocca a fait un saut dans la cuisine pour y mettre ses emplettes. Quand il est revenu au salon, Máša s'était composé le visage grave de celle qui se prépare à affronter l'inconnu avec détermination. Il en a eu un pincement au cœur.

Ils ont descendu le raidillon devant la maison, puis longé la rue du Tyrol en direction du centre-ville. Rocca ne souriait plus aux passants. Il se sentait comme un enfant pris en faute parce qu'il savait que Jana était le genre d'écolière à faire des bêtises, mais des bêtises qui n'étaient pas seulement des bêtises d'écolière. Il tenait à ne pas se faire remarquer en ville pour autre chose que le sérieux et la qualité de son travail à l'usine.

Monsieur Henry les attendait dans son bureau. Il a secoué la main de Rocca sans pouvoir s'empêcher de lorgner Máša, l'air un peu ahuri, avant d'incliner la tête avec un « bonjour madame » obséquieux. Il ne devait plus la perdre de vue durant tout l'entretien, d'abord sous forme d'œillade, puis graduellement de plus en plus étonné et inquiet avec de rapides battements de paupières. Il semblait alors surtout vouloir anticiper et esquiver un coup.

— Elle est blessée… a hurlé Máša.

— Non. Pas du tout, mais… a bafouillé monsieur Henry qui s'est tassé derrière son immense table couverte de papiers empilés, stratification de plusieurs années de négligence.

— Où est-elle ?

— Dans une salle de classe, consignée.

— Je veux la voir. Tout de suite. Je vous jure que s'il lui est arrivé quelque chose, vous devrez rendre des comptes.

— Mais madame…

Máša s'est tournée vers Rocca.

— Que s'est-il passé ? Pourquoi Jana est-elle retenue ? a-t-il demandé.

— Votre fille a agressé deux de ses camarades.

— Tu vois, Rocca, il y a eu bagarre…

— Votre fille n'a rien. Elle n'est pas blessée. Par contre, les deux garçons… elle a enfoncé ses doigts dans leurs narines. Ils ont saigné du nez pendant dix minutes.

Máša a murmuré en poussant un soupir de soulagement :

— À la bonne heure !

— Plaît-il ?

— À la bonne heure !

L'instituteur a cherché son paquet de Gauloises entre deux piles de paperasse, fourragé à l'intérieur pour prendre une cigarette. Il s'est enveloppé d'une sphère bleutée protectrice, l'esprit soudain très occupé comme s'il avait eu l'ambition de contrôler la forme du nuage par la force de sa pensée.

Elle s'est avancée vers la table, a agrippé le bord de ses deux mains et posé un regard menaçant sur l'instituteur ; cette proximité l'a fait encore plus reculer sur son siège. Des boursouflures de fumée âcre ont suivi le mouvement. Il a raconté ce qui s'était passé, les mots blessants, de quelle façon Aimé et Daniel avaient été presque étouffés, suspendus par le nez et les narines distendues.

— Rien ne saurait justifier le recours à la violence dans notre pays. Et nous ne pouvons pas accepter dans notre école…

— Mots blessants ? a demandé Máša.

— C'est-à-dire… j'ai entendu « bouffeuse de macaronis ».

— Macaronis ?

Máša a tourné la tête en direction de Rocca. Il a haussé les épaules en écartant les bras :

— Je t'expliquerai.

Pour Máša, monsieur Henry faisait partie des personnes avec lesquelles il est à peine admissible de devoir entretenir des relations. Et pourquoi faire l'effort ? Elle n'y arrivait pas. Il lui rappelait tous ces fonctionnaires alcoolisés, pointilleux et veules croisés sur les routes de l'exil à la fin de la guerre, de Moravie en Allemagne, jusqu'à Berlin. Elle a planté ses yeux dans ceux de l'instituteur qui a manifesté son malaise par une toux rauque bruyante. Il a semblé à cet instant comprendre qu'il avait pour elle une existence très relative. Il n'était plus question de sanctions.

— Je veux voir ma fille. Maintenant.

— Je ne sais...

— Ils ont eu ce qu'ils méritent, a-t-elle tranché.

Monsieur Henry a écrasé son mégot, contemplé la fumée au plafond et leur a demandé de le suivre à l'étage. Il a ouvert la porte de la salle de classe pour les faire entrer.

Il a murmuré : « Ça alors, elle a disparu. Mais comment... ? » avant de subir les foudres de Máša.

Rocca était une force. Máša pensait que rien de mal ne pouvait lui arriver quand il la prenait contre lui. Mais c'était une puissance domestique. À l'extérieur, il devenait inoffensif, un peu voûté et bizarrement moins imposant. Pendant l'altercation, il est resté en retrait. Elle s'est agrippée à l'instituteur, lui a griffé le visage, quelques égratignures pour à peine une goutte de sang.

Au moment où ils sortaient de l'école, elle l'a clairement entendu bredouiller dans son dos des explications à monsieur Henry. Pourquoi Rocca avait-il toujours l'air d'exister comme quelqu'un qui doit présenter des excuses ? Il était mieux que tous les insignifiants de cette ville, il était mieux que ses chefs et il devait faire semblant de se mettre à leur niveau pour ne pas les fâcher. Elle lui a dit :

— Rocca ! Nous devrions vivre seuls dans un alpage vers les sommets inaccessibles et ne rien avoir à faire avec les gens !

Encombré de son grand corps, Rocca ne savait pas où aller quand Máša ne tenait pas en place. Il prenait le parti de rester assis dans le coin le plus reculé du salon sur le fauteuil près de la fenêtre. Lorsqu'elle était irritée ou soucieuse, Máša passait d'un endroit à l'autre, soulevait un objet, le reposait, semblait vérifier des détails insignifiants dans toutes les pièces, inapte en réalité à porter son attention sur quoi que ce soit. Elle devenait un animal qui se souvient du mal qu'on lui a fait. De mystérieux petits ressorts exerçaient une tension sous sa peau frémissante. Rocca la trouvait encore plus belle dans ses moments d'énervement.

Ivo et Jana sont entrés dans le salon bras dessus bras dessous. Máša a étouffé un cri de surprise, puis émis diverses longues modulations sonores.

— C'est à cette heure que vous rentrez ! a dit Rocca aussitôt conscient de la mollesse et de la banalité de sa remarque.

Le visage de Máša ne retrouvait pas sa souplesse et Rocca en était terriblement impressionné.

— Jana ! Ivo ! Qu'avez-vous fait ? a-t-elle demandé après un moment.

— Rien, rien, a essayé Ivo.

Il n'y avait pas rien. Les enfants avaient un drôle de regard triste. Ils regrettaient déjà le grand air. Scrutés par leurs parents, ils sont restés silencieux. Rocca a changé de position sur son fauteuil. Les ressorts ont fait un grincement inaccoutumé sous lui. Tous ont eu la désagréable sensation qu'une personne extérieure à la famille laissait éclater sa désapprobation.

Jana détestait l'exiguïté de leur intérieur, le même depuis toujours, dans lequel ses parents lui faisaient penser à des prisonniers purgeant une longue peine ; elle détestait les fenêtres minuscules souvent dans l'ombre à cause du toit trop grand et des sapins trop proches de la maison ; elle détestait la distance entre les choses, la distance entre le poêle et la table de la cuisine, la distance entre la table de la cuisine et la commode, la distance entre la commode et la porte qu'on ne pouvait jamais ouvrir totalement ; elle détestait cet environnement où les éléments opposés les uns aux autres devenaient hostiles. Mais elle ressentait aussi de la tendresse pour Máša et Rocca parce qu'en réalité ils ne méritaient pas ça.

— Vous sortez et nous on reste là sans savoir où vous êtes, sans savoir ce que vous fabriquez. Vous n'êtes pas rentrés pour le souper. Vous ne pouvez pas faire tout comme bon vous semble. Et ne pas tenir compte des autres ! *Signùr ardì zó* ! a dit Rocca.

Il s'est levé pour arpenter l'étroit salon dont l'atmosphère remplie de sa personne s'est modifiée d'un seul coup.

— Et toi Jana ! Qu'est-ce qui t'a pris de quitter l'école. Tu étais punie…

— Rocca, tu sais bien qu'elle a été insultée par ces garçons.

— Máša, *ti prego*, ne la défends pas ! Elle a agressé deux de ses camarades. Elle aurait pu les blesser et…

— À la place de Jana, j'aurais fait la même chose, peut-être pire…

— Máša. Ne dis pas de bêtises ! Ce sont des enfants.

— Et alors ! J'ai bien corrigé cet horrible monsieur Henry.

— Mon Dieu !

— Il a dû se demander si la mère n'était pas en définitive encore plus dingue que la fille, a-t-elle dit avec une joie féroce.

Il y avait encore à cette époque dans les gares suisses des automates à musique qui fonctionnaient avec des pièces de monnaie. Ils jouaient des airs d'opérette, des ouvertures d'opéra ou des valses viennoises et de petites poupées placées devant le cylindre dansaient. Máša a tourné un peu sur elle-même à gauche, puis à droite, à la manière de ces ballerines mécaniques, et Rocca n'a pas pu s'empêcher de sourire.

— C'est toi qui aurais dû lui donner une correction, à ce sale bonhomme. Tu n'as rien fait.

— Mais, ça va pas ? L'instituteur ! Et sa fille qui est la femme du directeur de…

— Et voilà toute l'affaire ! Et alors ? Il séquestre Jana et tu fais le gentil chien-chien.

— C'est compliqué… tu sais bien.

— *Himlhergot* ! Dino ! Tu ne vas jamais rien gagner à ce jeu-là.

Quand son prénom allait de pair avec un juron allemand, ce n'était pas bon signe. Il a regardé la fenêtre, désespéré par les péripéties de sa journée si mal ajustées.

— C'est moi qui ai libéré Jana, a murmuré Ivo.

— Comment ça ? a demandé Rocca.

— Je me suis arrangé. J'ai emprunté la clé de la salle.

— Tu lui as ouvert ?

— Oui.

— Vous êtes complices.

— Ce n'était pas juste.

— Qu'est-ce que tu en sais toi, hein ? Il faut avoir du respect.

Il s'est planté devant ses enfants qui se sont encore plus serrés l'un contre l'autre pour faire bloc. Rocca était incapable de frapper, mais ils ont tout de même fait un pas en arrière de concert.

— Rocca, c'est toi qui parles de respect, a lancé Máša.

— Oui. Il y a des règles. Des convenances. Aimé, le fils de monsieur Simon, Daniel, le fils de monsieur Antoine, suspendus par le nez…

— Dino ! Ces morveux ont insulté ta fille. Ils nous ont insultés.

— Et alors.

Máša a soupiré.

— Rien…

Rocca était incapable de sortir de lui-même et d'exploser. Il préférait se faire du mal à l'intérieur plutôt que faire du mal à qui que ce soit. Il était bon, voilà le problème, et cette ville était mauvaise. Elle s'est approchée de ses enfants pour les prendre dans ses bras.

— Vous êtes si beaux !

Elle ne se lassait jamais de les admirer, souvent à la dérobée. Elle se réjouissait de leur proximité, heureuse de voir Ivo et sa fille entretenir une relation si intime. C'est une si bonne entente, disait-elle. Ils ont la moitié du même sang dans leurs veines.

Elle a enlacé Ivo qui s'est laissé faire sans se détacher de sa sœur. Mais elle n'a pu serrer dans ses bras qu'imparfaitement Jana un peu absente. Il y avait quelque chose qui n'allait pas. Elle a reculé d'un coup.

— Pourquoi vous n'êtes pas rentrés tout de suite à la maison ? Pourquoi ? Pourquoi vous passez tout votre temps dans la nature ? s'est-elle lamentée avant de se jeter sur une chaise.

L'atmosphère ne s'est pas détendue. Ivo et Jana ont avalé un souper sur le coin de la table sans échanger un mot, sans même se regarder, ce qui a encore plus affolé Máša qui tournicotait autour d'eux en prenant de temps à autre sa tête entre les mains. Rocca est sorti pour marcher devant la maison. Quand il est revenu, il est passé par la cuisine récupérer ses verres et la bouteille fraîche du réfrigérateur. Il a posé le tout dans le salon.

— Du champagne ?

— C'est à la fabrique. Tu sais, je t'avais parlé de ce problème avec les caméras…

Ils se sont assis côte à côte sur le canapé et elle devait faire un effort pour ne pas glisser dans le creux des coussins créé par la masse de Rocca. Inexorablement attirée vers lui, elle résistait à cette attraction par de petits mouvements des fesses pour se remettre d'aplomb. Elle a jaugé Ivo et Jana d'un coup d'œil. Ils lui échappaient et, avec eux, tout ce qui faisait une grande partie de sa vie. Ils jouaient à des jeux incompréhensibles, se souriaient longtemps sans parler, une contrariété éprouvée par l'un éveillait aussitôt la sollicitude de l'autre.

— Rocca ! Dis-moi ! Pourquoi nos enfants me font me sentir si seule parfois ?

Elle a pris une cigarette dans le paquet posé sur la table basse. Rocca s'est empressé de l'allumer en maniant le briquet avec douceur.

— Je ne sais pas ? Seule ?

— Ils sont comme un couple retranché dans une forteresse.

— Ce sont leurs jeux.

— On les perd chaque jour un peu plus.

— Il faut s'y habituer. C'est comme ça avec les enfants.

— Tu ne comprends rien.

— Tu dis toujours ça, mais…

— Non. Il y a autre chose. Jana prend trop de distances avec la réalité.

Rocca lui a caressé la joue avec le plat de la main.

— Dino, verse-moi un autre verre !

— C'est bon, n'est-ce pas ?

Máša est redevenue Máša tout entière ; quelque chose dans sa tête et son cœur s'est dénoué, mais aussi, et peut-être plus encore, parce que tout en elle s'est relâché sous l'effet de l'alcool ; elle avalait d'amples rasades à intervalles réguliers comme quelqu'un décidé à se soûler avec méthode.

— Ils t'ont augmenté ?

— Non. Mais c'est une reconnaissance.

— C'est de l'excellent champagne.

— Oui, ma place à la fabrique est solide. Je parle d'égal à égal avec les patrons.

— C'est ce que tu crois.

— Je t'assure.

— Tu n'es rien pour eux. Ils t'utilisent et tu n'auras même pas une gratification.

— C'est tout de même une bonne nouvelle.

— Verse-moi un verre !

— Les amours…

— Le fourbi.

— Quoi ?

— Dans la petite pièce.

— Oui.

— Ivo pourrait s'y installer.

— Oui.

— Ils doivent avoir chacun leur chambre.

IV

Les machines à écrire électriques ont de plus en plus concurrencé les machines mécaniques ; les machines à boule étaient apparues sur le marché américain vers la fin des années soixante. Les touches du clavier transmettaient automatiquement une information binaire codée à une sphère très légère en matière thermodurcissable et nickelée qui tournait selon le message reçu. Ivo avait commencé à seize ans un apprentissage d'électromécanicien en plaine dans la grande fabrique Hermès Precisa International d'Yverdon. Depuis une année, il travaillait le plus souvent au montage de l'indémodable Hermès 3000 avec son ventre compliqué d'engrenages, de leviers et de ressorts. Ses gros boutons carrés épousaient à la perfection la forme des doigts ; ses tiges rigides battaient le papier comme un fouet. Sa frappe était lisse et elle ne sautait jamais une case. Elle se vendait encore en Suisse à une clientèle d'étudiants et à l'export.

Une fois par semaine, il était affecté aux essais en fin de journée. À côté de dactylos émérites qui testaient la précision et la rapidité, il fallait bien aussi penser à l'utilisateur un peu maladroit – comme lui – susceptible de taper plusieurs lettres en même temps et de bloquer les baguettes les unes sur les autres. Le bruit dépendait de l'humeur et du degré de concentration. La force sur les touches déterminait la cadence et la musicalité. Le phrasé mécanique de chaque machine avait une sonorité différente. Ivo s'efforçait d'être en rythme avec ses voisines pour créer quelque chose qui ressemblait à des percussions de jazz. Il copiait des textes, toujours les mêmes. Les premières lignes du *Père Goriot*, « Madame Vauquer, née de Conflans, est une vieille femme qui, depuis quarante ans, tient à Paris une pension bourgeoise établie rue Neuve-Sainte-Geneviève, entre le Quartier latin et le faubourg Saint-Marceau », ou le début du *Comte de Monte Cristo*, « Le 24 février 1815, la vigie de Notre-Dame de la Garde signala le trois-mâts le *Pharaon*, venant de Smyrne, Trieste et Naples », qui contient des chiffres, des signes rarement employés, des majuscules et des traits d'union.

Ces débuts de romans s'étaient gravés dans sa mémoire à la manière des leçons répétées en chœur à l'école devant monsieur Henry. Mais contrairement aux tables de multiplication ou aux dates de la conquête de l'existence nationale de la Suisse, ils ont continué à prospérer dans son esprit. Il a ressenti l'envie d'en connaître les suites. Après son travail à la fabrique, il a commencé à fréquenter la bibliothèque municipale, y passant plusieurs heures, penché sur les épais volumes de Dumas ou de Balzac jusqu'au départ du dernier train, pas vraiment pressé de remonter à Sainte-Croix et de rentrer à la maison.

Le silence était relatif dans la salle de lecture : assise derrière sa grande table, la préposée aux prêts tuait le temps en dévorant des livres. Elle se mouchait à intervalles réguliers. Elle faisait des efforts pour endiguer des larmes, le plus souvent sans succès. Elle hoquetait sans pouvoir se retenir de pleurer, puis épongeait les pages avec un papier buvard. Quand son regard croisait celui d'Ivo, elle haussait les épaules comme pour excuser sa faiblesse. Parfois, elle marmonnait entre ses dents ; elle s'adressait à tel ou tel personnage pour l'encourager à faire ce qu'elle voulait qu'il fasse ou, au contraire, pour l'empêcher de commettre l'irréparable qui survenait tout de même quelques paragraphes plus loin. Son visage s'empourprait, enflait de colère ou d'angoisse. Elle aurait pu s'étrangler, tomber en syncope, raide et inconsciente dans ses vêtements très élégants. Elle portait des robes fourreaux noires, avait les jambes gainées de bas clairs et une grande écharpe de soie colorée autour du cou. Ivo se demandait comment, légère et sophistiquée avec l'air d'être toujours sur le point de monter à bord d'un paquebot pour un voyage au long cours, elle avait échoué dans cette bibliothèque aux recoins sombres et poussiéreux. Elle s'appelait madame George. Elle était veuve. Elle devait avoir près de soixante ans. Elle s'habillait le matin avec soin, tenait à avoir une allure pimpante parce qu'elle avait effectivement rendez-vous chaque jour, non pas avec les emprunteurs de livres, mais avec des dizaines de personnes qui vivaient dans les romans. Elle venait travailler comme pour une aventure galante.

Un soir, Ivo lui a restitué *Le Moulin sur la Floss.* Elle a longtemps fixé le volume posé sur la table devant elle comme si elle lisait les lignes au travers de la jaquette usée. Soudain très agitée sur sa chaise, elle a émis des chuchotements inaudibles, submergée par une vague irrépressible. « Est-ce que ça va ? » a demandé Ivo. Les yeux embués de larmes, elle a assuré que oui, « tout allait bien », mais qu'enfin ce livre était vraiment trop triste, qu'elle ne comprenait pas pourquoi Maggie et son frère Tom mouraient à la fin, victimes de cette terrible inondation, alors que tout aurait pu être si différent au moment de leurs existences où ils étaient sur le point de découvrir le bonheur chacun de son côté.

— Mais, vous savez, lire pour être triste, c'est un apaisement.

Ivo n'a pas trouvé cela étrange ; il lui a répondu qu'il partageait son point de vue.

Ivo songeait à madame George dans le train qui le remontait à la maison. Il regardait le paysage automnal défiler avec lenteur. Les affleurements calcaires dans les pâturages encore très verts produisaient partout des éclats de lumière. Il a alors aperçu Jana escaladant la pente entre deux immenses frênes. Occupée à se hisser au sommet en s'agrippant aux branches basses, elle ne s'est pas retournée.

— Eh ! Là ! Vous avez vu ? a hurlé quelqu'un.

Ivo n'en revenait pas : elle était entièrement nue. Tous les passagers se sont tournés vers les fenêtres au moment où le train ralentissait pour épouser la sinuosité des rails dans un virage abrupt.

— Ça alors !

— On dirait… mais oui, c'est la fille Rocca !

— Elle est à poil !

— Je vous en prie, enfin, tout de même !

Les wagons se sont secoués, puis ont grincé au moment de retrouver le bon alignement et le convoi a repris de la vitesse. Son sac en bandoulière, Ivo s'est levé pour tirer sur le levier rouge de l'alarme et demander l'arrêt d'urgence. Il a renversé au passage le contrôleur qui venait aux nouvelles, ouvert la porte et sauté dehors sans trop regarder où il allait atterrir. Il a juste eu le temps d'entendre derrière lui :

— Encore un Rocca ! Il ne perd rien pour attendre.

Ivo s'est dégagé d'un roncier. Il a suivi la voie dans le sens de la descente, l'estomac gelé par l'appréhension, fait un détour par un petit chemin de forêt, traversé une clairière, débouché sur un pâturage, escaladé un muret de pierres avec son fil barbelé qui serpentait au-dessus. Au milieu de graminées et de grandes gentianes jaunes, il a aperçu deux jambes dressées. Allongée, Jana a mis quelques secondes à sortir d'elle-même avant de scruter son frère sans manifester aucune surprise. Elle fonctionnait toujours exactement comme s'ils venaient à peine de se quitter. Sa transpiration dégageait l'odeur doucereuse du foin un peu macéré, mêlée à celle de champignons et d'humus. Elle avait dormi dans une grange. À nouveau vêtue, elle portait une jupe qui s'arrêtait à quinze centimètres des fesses et un chemisier étroit. Ses cheveux abondants jamais coiffés étaient constellés de fétus de paille. Elle a fermé les paupières. Elle s'est sentie légère avec la tête flottante. Le froufroutement de toutes les plantes a pris la forme d'une immense respiration ; les insectes ne l'ont plus considérée comme étrangère à leur existence. Elle aimait rester étendue des heures sur le dos, les bras en croix, au centre d'une clairière, sous un arbre ou dans un creux. Plus rien ne lui semblait alors nécessaire.

Elle a ouvert les yeux et son expression de bonté devait être reliée à tout cela.

— Tu l'as ?

— Oui. Dans mon sac.

— Tu l'as volé.

— Non. Non. Je l'ai payé.

— Montre !

— Tiens !

— Il est beau. Tu as vu la photo.

— *Piece of My Heart.*

— Son sourire est formidable, dit-elle en caressant la pochette. Elle était à Monterey. J'aurais tellement voulu y être, ce festival... Tu te rends compte, la Californie !

— Ça devait être bien.

— Bien !

Elle a levé les yeux au ciel.

— Bien ! Tu rigoles. Ça devait être génial !

— Oui. Génial.

— Une rockeuse, tu imagines. Engluée dans rien du tout. Libre ! Elle fait ce qui lui passe par la tête.

Ivo s'est coulé près d'elle. Le disque de Janis Joplin posé sur le ventre, Jana a sorti un carnet encore vierge ; avec le crayon glissé à l'intérieur, elle a écrit sur la première page :

« Nos corps serrés
Entre deux pans de nature
Comme un livre
Dans sa couverture. »

Elle l'a donné à lire à son frère. Après avoir longtemps observé les nuages dérouler leurs filaments et se nouer en pelotes au-dessus des sommets qui fermaient l'horizon à l'ouest, ils se sont dirigés vers les crêtes. Ivo suivait avec peine sa sœur endurcie, émerveillé par la puissance de ses jambes minces pareilles à de formidables ressorts réarmés à chaque pas. Elle s'arrêtait parfois pour l'attendre, goguenarde, mais souriante ; elle le regardait de haut avant de reprendre la marche en mâchonnant une tige de fétuque. Au moment de franchir la ligne des derniers arbres, ils ont entendu le bruit d'une tronçonneuse en contrebas et le visage de Jana s'est aussitôt éclairé :

— On y va ?

— Pourquoi ?

— Comme ça...

— Si tu veux.

Un immense sapin abattu gisait au sol. Un bûcheron maniait une scie mécanique à essence qui dégageait une fine fumée bleue au milieu des branches. C'était un jeune forestier employé par la commune, un grand gars musclé qui avait la réputation de ne pas savoir calculer jusqu'à dix et de n'avoir guère plus de mots dans son vocabulaire, du moins dans les rares occasions où il s'exprimait, mais qui pouvait aligner des heures de travail sans fatigue, l'esprit occupé par rien d'autre. Une branche s'est écroulée dans un nuage de poussière. La tronçonneuse a hoqueté, puis s'est arrêtée. L'homme s'est redressé. Il a passé le dessus de sa main sur son front en sueur. Son visage s'est élargi de bonheur à la vue de Jana. Quand elle lui a rendu son sourire, Ivo a réalisé que leurs chemins se croisaient sans doute parfois dans les bois. Ils se connaissaient. Le bûcheron a effleuré sa poitrine sous sa chemise largement déboutonnée pour enlever des copeaux égarés dans ses poils. Une complicité silencieuse les enflammait.

— Salut ! a lancé Jana.

— Salut.

— Il est grand cet arbre.

— Oui.

— Il était malade ?

— Oui.

— Tu n'en sais rien.

— Oui.

— Tu as dormi ici cette nuit ?

— Oui.

— Tu...

— ...

Elle lui a pris la main. Il a posé sa tronçonneuse. Ils ont enjambé le tronc en écartant plusieurs branches et ils ont disparu dans une anfractuosité de rochers et de fougères.

Réduit à l'inaction dans le silence de la forêt, Ivo s'est assis sur l'arbre abattu. Il y a beaucoup trop de choses qu'il faut admettre, a-t-il pensé. Puis, il a songé à Jana qui n'avait pas encore seize ans : comment allait-elle être à la vingtaine, à la trentaine ? Aucune représentation claire d'elle adulte ne lui venait. Peut-être souffrait-il d'un manque d'imagination ? Mais se figurer sa sœur dans le futur lui causait une inexplicable tristesse.

Il a essayé de ne pas pleurer avant de se dire que seul et sans témoins, ce n'était pas si grave.

— Tu veux voir ce que j'ai écrit ?

— Non.

— Tu es fâché ?

— Mais non.

— Tu es fâché, a-t-elle répété en rendant les deux dernières syllabes plus sonores.

— Ça va. Ça va, je t'assure.

Imprégnée d'une odeur de résine, elle marchait à son côté encore emplie de plaisir.

— C'est pareil à une goutte d'eau, une goutte ronde comme le bout d'un doigt, une goutte qui cherche sa voie.

— Arrête !

— La goutte, elle se fraie un chemin. Elle grossit. Elle s'allonge et s'étale… Et alors…

— Je VEUX pas savoir.

— Tu es fâché ?

— Non.

— On écoute le disque ce soir ?

— D'accord.

— Je vois bien que tu es fâché.

— Mais non.

— Mais si.

— Pas fâché, mais...

— Viens !

— Non.

— Allez !

Elle l'a bousculé d'un coup d'épaule.

— Eh ! Ça va pas !

Ivo a dérapé le long du talus. Elle l'a encore poussé, elle a sauté sur lui et ils ont pour finir roulé ensemble dans un trou de terre meuble. Ils se sont pelotonnés dans les herbes, immobiles jusqu'à ce que les insectes regagnent les délices de la tourbe suintante. C'était précisément un de ces moments où ils rêvaient de sentir leurs corps prolongés au-delà de toute imagination. Un groupe de petits papillons jaunes voletait mollement et sans panique autour d'eux.

— Tu viens dans mes bras ?

— Non...

— Alors, c'est moi qui te prends dans mes bras.

Le son de cloches résonnait au loin ; le bétail descendait se mettre à l'abri sous les arbres pour la nuit. Jana a lâché dans un soupir :

— Il n'y a rien à dire !

V

Rocca a poussé la porte de la fabrique avec le sentiment d'entrer dans un univers sur lequel jamais la moindre poussière ne se déposait. Il a traversé le couloir désert qui sentait toujours un peu l'encaustique jusqu'au vestiaire pour enfiler son bleu de travail. Il a croisé un ingénieur en sortant :

— Pas trop de difficultés pour venir ? Avec toute cette neige.

Depuis sa suggestion qui avait amélioré la tenue des images sur les caméras H16, il n'avait pas joui d'un statut à part au sein de la société et il n'était jamais sollicité pour des expertises ou des conseils de la part des équipes techniques. L'ingénieur lui avait parlé sur un ton allègre.

Rocca n'a pas osé dire qu'il détestait l'hiver.

— Non, pas de problème.

— Nous avons reçu les nouveaux œilletons hier. Les colis sont à en bas. Tu peux vérifier les lots ?

— D'accord.

— Au fait, le chef d'atelier veut te causer.

— Ah ?

— Il t'attend dans son bureau.

Une barbe en collier bien taillée, les cheveux gominés collés au crâne, le visage presque sans aspérités, monsieur Jacques était un exemplaire des êtres qu'il avait découverts avec surprise en arrivant dans cette ville, des hommes et des femmes dont la seule ambition semblait de devenir le plus lisses possible. Il se demandait encore parfois comment ils pouvaient vivre à si faible intensité. Peut-être mourraient-ils un jour simplement, faute de ne plus avoir de flux en quantité suffisante ?

En franchissant le seuil, Rocca a tout de suite perçu une perturbation. Monsieur Jacques regardait par la fenêtre où il n'y avait strictement rien à voir. Il ne s'était pas retourné pour lui rendre son salut. Rocca est resté planté au milieu de la pièce. Sur l'imposant bureau, un bloc de papier, un stylo-plume et deux petits paquets emballés dans du kraft semblaient oubliés là.

— Rocca… ta fille. Ce n'est plus possible. Elle met beaucoup de monde mal à l'aise.

— Ah…

— Tu devrais la garder à l'œil.

— Oui.

— La garder tout court, tu comprends ?

— Oui.

— Elle fait ce qu'elle veut et ce qu'elle fait n'est pas bien.

— Par exemple ?

— Tu sais bien Rocca. Elle ne respecte rien. Elle est provocante.

— Je sais. Je sais. Mais elle ne fait rien de mal.

Jacques s'est retourné d'un coup comme si ce dernier mot avait été une flèche plantée dans son dos.

— « Je sais. Je sais ». Mais qu'est-ce que tu en sais ? Tu n'es pas derrière elle.

— Je ne peux pas l'enfermer à la maison.

— Le pensionnat peut-être, les bonnes sœurs.

— Mais…

— Il y a beaucoup de monde en ville qui est incommodé. Je te le dis. Elle est impertinente. Elle est provocante. Elle se promène à moitié nue. On raconte que dans la forêt, elle l'est parfois complètement. Enfin Rocca… tu dois prendre les choses en main.

— Le pensionnat… je ne crois pas que…

— Tu sais que la justice peut s'occuper d'elle. Pour protéger les gens parce que ça va trop loin. Je t'avertis. Le maire a reçu des plaintes…

Rocca a haussé les épaules. Il ne pouvait pas faire autre chose : rester les bras ballants sans réaction comme un enfant sermonné. Le contremaître était osseux, presque sans muscles. Dans une réalité différente, il aurait dû le renverser d'un revers de la main, le projeter contre le mur pour l'écraser.

— Bon, a fini par dire Jacques, les cartons sur la table, c'est pour ta fille.

— Qu'est-ce que c'est ?

— Une caméra. La 155 Macrozoom. Et dans l'autre paquet, ce sont des bobines de pellicule.

La 155 était le modèle super-huit le plus récent en aluminium et acier gris et noir, amélioration révolutionnaire du 150 Super de l'année précédente. Avec son viseur reflex très lumineux et sa mise au point continue de l'infini à l'infiniment petit, elle permettait de filmer un panorama, un visage ou un infime détail à deux doigts de l'objectif sans réglage. La société pariait sur cet appareil pour conquérir le marché du cinéma amateur en pleine démocratisation. On allait pouvoir désormais faire sérieusement la chronique de sa vie en images.

— Pour ma fille, *ma perchè* ?

Rocca s'est empressé de se corriger :

— Mais pourquoi ?

Jacques s'est tu.

— Ne discute pas avec moi ! Prends-les !

Il s'est exécuté.

— Merci, mais…

— C'est une bonne idée si elle s'occupe. Elle pourra faire des petits films. Tu lui diras de passer pour de la pellicule quand elle n'en aura plus.

— D'accord.

— Allez ! Au travail, maintenant.

— Où est ta sœur ?

Rocca a jeté un œil en direction de son fils assis à la table.

— Dehors.

— Comment ça, dehors ? Il fait zéro degré ce matin.

— Elle est sortie.

— Depuis quand ?

— Très tôt.

— Pour aller où ?

— Sais pas.

Contracté dans un isolement maussade, Ivo a répondu sans lever la tête de son bol : la nuit le réduisait en chiffons. Rocca se désespérait d'avoir de plus en plus de peine à comprendre ses enfants. Máša s'est précipitée à la fenêtre. Elle a passé la main pour enlever la buée.

— Je ne vois rien !

Elle a gémi, le visage collé à la vitre. Difficile de distinguer quoi que ce soit à travers le verre piqué de gouttes gelées. Les premiers sapins de la forêt avançaient jusqu'à l'arrière de la maison ; ils portaient leurs ombres sur le toit de longues heures en été, plus durablement encore en hiver et le jour se levait toujours plus tard au-dessus de leurs têtes qu'ailleurs. Rocca ne s'en était pas rendu compte quand, après plusieurs visites au cours d'un mois d'août, il avait signé l'acte d'achat chez le notaire. La solidité des murs l'avait décidé. Il fallait bien un demi-mètre d'épaisseur pour y installer Angelina enceinte à l'abri du vent et des frimas de ce pays, avait-il pensé alors.

Le jour se levait et le blanc au sol se détachait vaguement du blanc du ciel. La neige tombée pendant la nuit nivelait le paysage. Máša a frotté un carreau en dessinant de petits cercles. Rocca s'est penché pour regarder.

— Tu dois aller la chercher, vite !

— Oui.

— Elle est perdue.

— Mais non.

— Par ce froid !

Máša avait peur et la peur rendait son visage transparent, une veine gonflée au milieu du front. « C'est mon sang qui descend dans mes pieds », disait-elle alors. Elle était saisie d'effroi, ses mains sur le sommet de la tête, la bouche entrouverte. Rocca était touché par son âme tremblotante au fond de ses yeux si pâles.

— C'est bon… Je vais aller voir.

Il s'est assis pour enfiler ses bottes. Il a lorgné Máša toujours dans la même position devant la fenêtre, le regard fixé sur la vitre blanchie par la température extérieure. Il ressentait son angoisse et il a maladroitement endossé sa veste raide et enfoncé sa casquette sur sa tête jusqu'aux oreilles. Il a maugréé intérieurement contre le manque de souplesse des choses de ce monde avant de se faufiler, sans rien avoir avalé, dans la nuit par la porte entrebâillée. Tout était uni et brillant dehors. Il n'y avait aucune raison sérieuse pour imaginer que Jana soit proche de la maison ; il n'y avait aucune raison sérieuse pour que ce ne soit pas le cas. Et s'il y avait eu des traces de pas, elles étaient recouvertes depuis longtemps. Parce qu'enfant, Jana aimait aller s'y cacher, il a pris la direction de la forêt. Il devait repousser la neige à chaque enjambée pour se frayer un passage. Il a encore une fois maudit ce pays et son interminable mauvaise saison, mais il s'est aussi juré qu'il allait avoir du tact avec sa fille.

Le ventre vide, il a pataugé sans but dans la poudre une bonne demi-heure.

— Jana ! Jana !

L'atmosphère impénétrable estompait instantanément ses appels. Le vent glacial créait autour de lui un mouvement désordonné de cristaux acérés. Ils brillaient par moments au milieu de taches claires, preuve que le soleil essayait de se lever très loin de cet endroit inhabité.

Rocca avait le sentiment d'être la victime d'une malédiction le visant personnellement.

Il a erré dans la forêt de plus en plus convaincu de dessiner des cercles pitoyables dans l'immensité infinie. Ce qu'il apercevait à chaque trouée le désespérait : partout au loin des barrières montagneuses cachaient d'autres barrières montagneuses dont, ici où là, on devinait les sommets encapuchonnés de blanc. La neige bleutée, plissée par le vent, s'enroulait autour de ses pieds pour ralentir sa progression.

Rocca scrutait l'espace entre les troncs noirs presque alignés des sapinières. Les bourrasques ballottaient des nuées de flocons dans la lumière entre les fûts ; l'air saturé de poussières brillantes fusillait les yeux. C'était le moment où le ciel se refermait soudain, aussi dense qu'une peau de crème à la surface du lait. Les arbres devenaient prisonniers d'une pâte collante.

Il a songé à ces alpinistes coincés dans une anfractuosité du Mont-Blanc qui, bras et jambes gelés, n'avaient pas réussi à utiliser le matériel de secours largué tout près d'eux par un hélicoptère. On les avait retrouvés quelques jours après transformés en statues de glace. Il ne pouvait s'empêcher d'imaginer sa fille raidie, les yeux grands ouverts, figés par le froid. Jana était inaccessible au sens commun ; il le comprenait, mais cela ne le libérait pas d'une impression douloureuse. La chair, le sang et la moelle de Rocca n'ont plus eu la même souplesse. Le vent et le grésil gagnaient la partie. Il a frissonné. Il allait arriver en retard au travail. Pénétré du sentiment de vivre dans un monde laissé à l'abandon, il est revenu sur ses pas.

Quand il a poussé la porte, Máša était affairée devant la cuisinière. Elle reniflait bruyamment. Consciente de sa présence, et parce qu'il demeurait silencieux, elle a retardé le moment de faire front.

Immobile devant le miroir de sa très petite chambre, Ivo ne parvenait pas à fixer sérieusement son esprit sur quelque chose. Il lui semblait qu'ils étaient tous prisonniers au fond d'une trappe très profonde.

— Rocca ! Ce pays nous l'a prise !

Les os pointus des épaules de Máša, deux bosses sous sa blouse, tremblaient. Elle avait toujours eu peur d'être privée un jour des rares choses irremplaçables qui faisaient sa vie et cette peur ne demeurait jamais confinée dans sa tête : elle colonisait son corps tout entier, passait dans son sang, dans ses muscles tendus dont les moindres mouvements devenaient visibles sous sa peau claire.

— Jana est morte. Notre enfant est raide et bleue dans la neige. *Himlhergot ! Himlhergot !*

Elle s'est tordue comme si elle devait s'écrouler par terre à la manière d'un ruban se défaisant. Lorsque Rocca s'est précipité pour la soutenir, elle s'est redressée d'un coup. Elle s'est avancée et ils se sont percutés entre la table et la gazinière.

— Tu es toujours dans le chemin ! a-t-elle hurlé.

C'était le genre de situation dans laquelle Rocca avait le sentiment d'être surnuméraire sur cette terre, sans savoir où se mettre. Il y avait si peu d'espace dans le salon que tout déplacement mal calculé se transformait en une rencontre inopinée avec un meuble, un mur ou une chaise. Máša a décidé de s'attaquer à l'armoire qu'elle a martelée du plat de la main ; ce qui a ébranlé la vaisselle à l'intérieur.

— Dino. Tu es soumis. Tu… tu t'occupes pas assez de ta fille. Tout ça, c'est ta faute. Combien de fois je te l'ai dit ? Ce pays va nous la prendre. Ce pays va nous la prendre. Il fallait l'attacher comme une chèvre à un pieu. Et avec une corde pas trop longue encore…

— Mais… Máša… une chèvre…

Deux ou trois verres se sont brisés dans le vaisselier. Rocca a juste eu le temps de reculer parce qu'elle avait décidé d'aller punir la commode. Elle l'a bourrée de coups de poing. Les tiroirs avaient du jeu ; ils ont émis une plainte grinçante à chaque choc.

— Mon Dieu ! Tu fais rien. Tu restes planté là. Tu... tu considères que ta misérable mécanique. Ah, ça oui ! Chaque petite pièce au bon endroit ! Au millimètre près.

Elle a repris son souffle :

— Tu deviens comme eux. Mais tu contrôles rien... rien de rien. Tu comprends que tes pauvres appareils compliqués. Pas les autres choses. Pas ce qui est important. Tu vas tout perdre, mon ami. Tout !

Le tiroir supérieur s'est entrouvert à force de percussions. Elle a jeté un œil sur le linge.

— Jana. Ma petite Jana.

— On va la retrouver, a balbutié Rocca.

— Oui. Bien sûr qu'on va la retrouver. On va retrouver son cadavre.

Elle s'est orientée d'un coup vers la table à laquelle elle s'est agrippée pour la secouer. Tout ce qui s'y trouvait a valdingué.

Ivo fixait la glace dans sa chambre et son reflet s'imposait désagréablement à lui. Il aurait voulu être un expert en annulation, capable de s'extraire avec facilité des choses. Une voix fluette venue de nulle part dans son crâne disait : « Ivo ! Ivo ! Tu n'es que le petit Ivo de toujours ! » Accablé de n'être que lui-même, il avait le désir de la présence de sa sœur.

Entre deux tremblements de mobilier, ils ont entendu frapper comme si quelqu'un essayait de pénétrer chez eux par effraction.

— Va... Rocca, va ouvrir ! a fini par murmurer Máša.

Sa voix avait à peine franchi la barrière de ses dents. Il a zigzagué jusqu'à la porte au milieu du désordre. Deux gendarmes emmitouflés de la tête aux pieds, qui n'avaient rien de gendarmes hormis leurs casquettes, se tenaient sur le seuil. Rocca les connaissait. Ils s'étaient occupés au printemps d'un chevreuil heurté par sa voiture dans la descente de la Cruchaude. Ils avaient cherché l'animal agonisant dans les bois pendant plus d'une heure. Ils ont à peine eu le temps de glisser un œil suspicieux à l'intérieur : Máša s'est précipitée sur eux en hurlant :

— Non ! Non ! Non !

Elle les a roués de coups de poing, amortis par les couches de vêtements. Rocca a saisi Máša à la taille, l'a soulevée toujours gesticulante pour la déposer dans le salon où elle est soudain restée prostrée.

— Ce sera inscrit dans le rapport.

Rocca a balbutié quelque chose d'inaudible.

— Votre fille a eu de la chance. Elle est à l'hôpital, a dit un des gendarmes.

Il a voulu faire un grand mouvement théâtral, mais il s'est empêtré dans son manteau. Bousculé, son collègue a dû faire un pas de côté et de la neige fine a volé à l'intérieur de la maison.

— C'est un jeune bûcheron qui l'a retrouvée. Rassurez-vous ! Elle va bien. Mais... il y a tout de même un problème. Nous vous accompagnons.

Rocca tenait un paquet. Il regardait droit devant lui. Máša donnait la main à son fils. Elle marchait la tête haute sans se soucier du décor voilé d'humidité grise dans le lever du jour. Les épaules rentrées et la casquette enfoncée sur la tête, Rocca faisait des petits pas rapides, inquiet de rencontrer quelqu'un qu'il connaissait. La ville était à peine visible sous les amas de neige ; les toits des maisons recouverts d'épais paquets se confondaient avec les sommets alentour.

— Après ce qui est tombé cette nuit, le train ne pourra pas descendre ! a dit l'un des gendarmes.

Personne n'a parlé et il a aussitôt refoulé tout espoir de modifier l'atmosphère pesante.

Devant l'entrée de l'hôpital – un bâtiment oblong dont l'architecture était un curieux rappel de celle des grandes fabriques – Rocca s'est séparé d'Ivo et de Máša pour aller travailler. C'était entendu. Il se devait d'être à son poste tous les matins. Il a tendu le paquet en disant à son fils :

— Tiens. C'est pour ta sœur.

Il a ensuite fait claquer un baiser sur la joue de Máša qui n'a pas cillé. Avant de pénétrer à l'intérieur, ils ont regardé le dos massif de Rocca s'effacer dans la grisaille de la ville.

Les gendarmes les ont accompagnés à la réception, puis jusqu'à la chambre de Jana au premier étage.

— Vous pouvez y aller. Mais pour une courte visite, a dit l'un d'eux en leur ouvrant la porte.

Máša s'est précipitée pour s'agenouiller à son chevet. Elle a essayé de la soulever et de l'embrasser sans succès, maladroite parce que l'esprit trop occupé par l'idée que sa fille avait peut-être voulu mourir. Le sourire énigmatique de Jana lui répétant « Il n'y a rien à dire ! », « Il n'y a rien à dire ! », ne l'a pas rassurée et elle a fini par se redresser en lui prenant la main comme pour l'empêcher de partir encore. La fenêtre laissait entrer une lumière crue ; elle faisait ressortir, orangées et presque dorées, les taches de rousseur sur les épaules blanches de Jana. Rien n'était plus émouvant pour Ivo que ces marques minuscules ; aux endroits les plus exposés aux regards, le cou, les avant-bras, le front, elles criblaient sa peau. Il en avait trouvé un petit groupe semblable derrière ses propres oreilles, réplique miniature de celles de sa sœur, invisibles sous ses cheveux. Ivo observait souvent en se coiffant devant le miroir cette signature secrète de quelques gènes ancestraux de leur père.

Un médecin est entré. Il a dit avec autorité à Máša qu'il devait lui parler de choses délicates. Il l'a entraînée dans le couloir où les gendarmes étaient restés en faction. Leur conversation étouffée était inaudible, mais il y avait des hauts et des bas, les hauts étant les éclats de voix de Masà qui se récriait avec rage contre d'obscures accusations.

Ivo était enfin seul avec Jana.

— J'ai eu tellement froid. Comme si… a murmuré Jana.

Assis sur le bord du lit, il cherchait l'étincelle au fond du regard de sa sœur. Elle avait disparu. Jana le voyait de très loin comme s'il était à plusieurs mètres de son visage et qu'elle devait faire un effort pour le reconnaître. Sa bouche avait rétréci. Ses lèvres fines lui donnaient un air consterné et triste. Elle avait ce genre de moue quand elle ne pouvait pas échapper à quelque chose de très déplaisant.

— … comme si tout devenait autre.

— Jana…

Il a caressé le drap rugueux ; sous la surface lisse et blanche, la tête à moitié enfouie dans un oreiller anormalement grand, elle semblait s'être atrophiée.

— … qu'est ce qui t'est arrivé ?

Il a détesté à l'instant même entendre le ton implorant de sa voix. Le sourire énigmatique de la reine des neiges dans son décor immaculé est passé sur les lèvres de Jana.

— Rien.

— Mais non.

— …

— Tu as encore froid ?

— Non.

Il a plongé le visage dans ses cheveux et la pointe de son nez a appuyé contre sa joue.

— Jana…

Elle n'a pas répondu.

— Qu'est-ce qu'il y a ? lui a-t-il glissé dans le creux de l'oreille.

— Il y a trop de trop.

— Qu'est-ce que tu dis ?

— Il y a toujours plus qu'il n'en faut.

— De quoi ?

— De tout.

La petite fenêtre de la chambre grossissait un échantillon du jour blafard ; il lustrait comme une pommade la peau de sa sœur. Ivo aurait voulu la réconforter en la serrant contre lui suffisamment longtemps pour qu'elle lui rende sa tendresse.

— Tu pleures ?

— Ça va pas la tête ? N'importe quoi !

Elle a regardé le paquet qu'Ivo avait déposé sur la table de chevet.

— C'est pour toi, a dit Ivo.

En calant l'oreiller derrière elle, il l'a aidée à s'asseoir dans le lit. Elle a défait l'emballage sans manifester aucune émotion. Sur le moment, Ivo n'a pas compris. C'était extraordinaire. Comment son père pouvait-il avoir sous la main un cadeau pareil, une caméra super-huit neuve dans son bel étui, à lui offrir pour sa convalescence ? Comme s'il avait pu avoir la prescience de ce qui allait arriver à sa fille.

Elle a inséré les quatre piles, glissé une cassette de pellicule à l'intérieur, rivé son œil au viseur, pressé sur le bouton de la poignée pour mettre le moteur en marche et un bourdonnement métallique a envahi la chambre. Elle a filmé le mur, puis la fenêtre longuement, son frère enfin. Il a essayé de sourire, pas à l'objectif, mais à elle qui était derrière quand la porte s'est ouverte.

Le médecin est resté quelques secondes sans réaction avant de se précipiter sur elle.

— Tu ne dois pas. C'est interdit.

Il lui a arraché la caméra des mains en disant, les lèvres jointes :

— Décidément !

Ivo a compris que quelque chose n'allait pas avec Jana, le jour où il a accompagné Máša en ville. Le samedi, ils faisaient les courses de la semaine. Ils attendaient d'être servis dans l'épicerie Simon. Ivo tenait les sacs un peu derrière elle, perdu dans le type de réalité qui ne l'intéressait pas. Il regardait à travers la vitrine : la rue enneigée brillait inutilement sous le soleil. Jana disait que tout ce qui était bâti ne l'avait pas été par une sorte d'hommes respectueux de la terre, mais par des imposteurs, par des squatters. Les édifices, du plus modeste au plus grand, le temple, les fabriques, les villas et les immeubles étaient pour elle autant d'événements fortuits, impuissants à altérer la marche tranquille de la nature. Ivo se demandait pourquoi elle ne rentrait pas après trois semaines à l'hôpital. Elle lui manquait et il rêvait qu'elle puisse apparaître d'un moment à l'autre en toute décontraction à l'angle de la place du Marché.

Simon servait une cliente. Il prenait son temps, évoluait à pas comptés dans sa boutique pour choisir une boîte de petits pois ou un paquet de sucre. Il sortait le fromage de la cellophane, le coupait, puis le remballait avec cérémonial ; il remplissait un sachet de café en faisant mine d'inventorier chaque grain. Peut-être imaginait-il que son magasin n'était pas d'alimentation, mais une bijouterie emplie de pièces plus précieuses les unes que les autres ? Máša fixait un point fictif droit devant elle depuis qu'ils étaient entrés dans l'épicerie. Pourquoi sourire ? Pourquoi donner le change ? Elle se serait bien accommodée du statut de femme invisible. Impossible d'échapper à la conversation oiseuse entre Simon et madame Thomas ; une fois de plus, ils évoquaient les événements révolutionnaires de mai 1968 qui avaient chamboulé la France voisine quelques mois plus tôt.

— C'est une question d'autorité. On peut vouloir tout mettre par terre. Mais quant à proposer quelque chose, alors il n'y a plus personne… la liberté… a lancé Simon.

— La liberté, ça n'existe pas.

— Bien d'accord avec vous.

— Nous avons un destin. On doit faire ce qu'on peut avec ce qu'on a. Et pas plus.

— Je le dis souvent : c'est comme dans une boîte à musique. Chaque pièce à sa place et…

— Si chacun fait ce qu'il doit faire, la mélodie devient harmonieuse… a conclu madame Thomas.

Sans renoncer à la solennité de son service, Simon pointait de temps en temps avec insistance son menton en direction de Máša. Le bourrelet de chair entre ses narines et sa lèvre supérieure se contractait lorsqu'il lorgnait ses hanches et se décontractait lorsqu'il lorgnait ses jambes, ce qui le faisait ressembler à un lapin flairant du serpolet. Pauvre esclave de lui-même égaré dans un univers qui n'est pas fait pour lui au-delà de quelques mètres carrés battus et rebattus ! se disait Máša. Il avait le regard imprécis des éternelles victimes ; celui des perdants sans deuxième chance. Il exhalait l'oignon, le fromage et le beurre rance ; il devait emporter jusque dans son lit les odeurs des denrées périssables de sa boutique.

— Avec la fabrique de caméras, on voit parfois du drôle de monde aussi par ici, a dit madame Thomas avec une mimique entendue pour signifier qu'elle était en accord avec elle-même.

— Je ne le vous fais pas dire.

— Des actrices…

— Il fait si chaud aujourd'hui.

— Le vent, c'est le vent qui monte de la plaine.

— C'est l'argent facile qui attire.

— Des marchands d'illusion.

— On ne sait pas d'où viennent ces filles.

— Des filles de nulle part…

La femme a jeté un rapide coup d'œil en biais sur Máša. Elle la connaissait, mais elle avait décidé une fois pour toutes de ne pas la connaître suffisamment pour avoir à la saluer.

— « Nulle part » n'existe que dans votre petit monde, a dit Máša sans quitter le point imaginaire qu'elle fixait depuis son entrée dans la boutique.

Elle a déplacé son regard vers le plancher scintillant de propreté avant de dévisager madame Thomas qui ne s'attendait pas à l'être aussi crûment.

— Je ne parlais pas de vous…

À cet instant, Máša a joui d'être une énigme. Ce n'était pas difficile. La vie de madame Thomas se résumait à harmoniser son comportement avec ce que les autres escomptaient en vertu d'un accord inviolable signé dans le ciel entre elle et la société.

Alors que Simon essayait de donner l'impression d'être très affairé derrière son comptoir, madame Thomas avait la moue de celle qui jette un œil inquiet en arrière, saisie par le doute d'avoir emprunté le bon chemin. Elle a quitté la boutique sans un mot, ses cabas à bout de bras. Concentré sur une calculette, Simon est resté un moment appliqué à inscrire les ventes dans un calepin.

— Je vais prendre deux mesures de lentilles.

Il a fait mine de ne pas entendre. Máša a toussé. Elle a toussé plus fort pour attirer son attention. Il la morguait avec le sérieux d'un physicien de la NASA occupé à résoudre les équations d'une trajectoire de fusée. Elle a tapé du poing sur le comptoir-caisse. La calculette, le calepin, les crayons, les bonbonnières ont tressauté ainsi que tout le reste et Simon a tressailli avec un temps de retard.

— Deux mesures de lentilles ! a répété d'une voix douce Máša.

Il a disparu dans son arrière-boutique sans un mot. Il y a eu un remue-ménage, un fracas et des grognements. Il a manqué de s'encoubler en revenant. Le gros récipient en verre à bout de bras au-dessus du sachet pour déverser les deux cents grammes demandés, les mains de Simon ont tremblé et les grains se sont dispersés avec un joli bruit de maracas. Máša a lissé le pli de sa jupe ; elle a fait crisser ses bas du bout de l'ongle en lui réclamant deux bocaux de purée de tomate. Simon a traversé sa boutique en décrivant un arc de cercle, question de ne pas passer trop près d'elle avant de les lui tendre en se tenant à bonne distance. Le plus gros a glissé de ses mains et éclaté par terre avec fracas. L'absence de concordance entre la volonté et les gestes de l'épicier a fait sourire Máša. Comme si de rien n'était, elle a effectué quelques allers et retours entre le comptoir et l'étagère en piétinant avec méthode la purée et le jus sans avoir l'air d'y toucher.

Simon est resté stoïque ; il a balbutié un :

— Ce sera tout ?

Sur le chemin du retour, elle a laissé derrière elle des traces rouges dans la neige le long de l'avenue des Alpes comme si elle venait de traverser une mare de sang. Ivo marchait dans ses pas avec les cabas. Leurs empreintes sont devenues plus claires à l'angle de la rue de la Charmille.

Ils se sont débarrassés de leurs vêtements dans le salon. Une vapeur d'eau les a enveloppés ; Ivo a senti l'odeur ténue des cheveux humides de Máša lorsqu'elle s'est baissée pour enlever ses chaussures. Un fluide invisible les a reliés un instant.

— Je… pourquoi Jana reste aussi longtemps à l'hôpital ?

— Elle n'y est plus.

— Mais, alors ? Elle est où ?

— Elle est où ? Elle est où Jana ? Ah ça ! Combien de fois j'ai entendu cette question ?

Máša l'a fixé et ses yeux embués étaient encore plus grands et plus clairs que d'ordinaire. Ivo a eu le sentiment d'exister pour elle derrière une nappe liquide stagnante. Elle portait un chandail à mailles fines. Ses cheveux blonds libérés du bonnet avaient retrouvé leur indocilité. Dépouillée des vêtements qu'elle mettait pour sortir, elle redevenait aussitôt mystérieusement beaucoup plus jeune.

— Il fait froid. Jette une bûche dans le poêle ! Ivo, alimente le feu s'il te plaît !

Il s'est exécuté avec beaucoup de soin, et un peu plus de temps que nécessaire, exaspéré de devoir se livrer à une tâche pratique. Máša continuait à le fixer, mais ses yeux commençaient à déborder :

— Ta sœur... Je ne la comprends pas. On ne peut pas être comme ça indifférent. Dis-moi !

— Je ne sais pas.

— Quand elle me regarde, j'ai l'impression qu'elle ne me voit pas vraiment. Toi, ce n'est pas la même chose. Elle te respire.

— Je sais pas, maman...

Elle a souri. Il ne l'appelait presque jamais maman. Elle a eu l'air de faire l'inventaire des circonstances où cela arrivait sans y trouver une explication. Elle a semblé encore plus perdue.

— Vous êtes proches. Très proches.

— Je veux juste savoir où elle est.

— Elle est trop indifférente.

— Peut-être...

— Les gens utilisent toute leur cervelle à s'occuper de ce qui peut bien se passer dans celles des autres.

Jana aime les arbres plus que les êtres humains. Comme je la comprends.... mais il ne faut pas trop mépriser ce qu'on pense de nous. C'est parfois dangereux. Je sais de quoi je parle.

Elle a reniflé :

— Ça fait vraiment mal d'exister parfois, Ivo. Vraiment mal.

Elle s'est approchée et Ivo s'est laissé étreindre. Elle a émis un chuchotement inaudible. Durant quelques secondes, il n'y a plus eu rien d'important, exactement comme si tous les deux dormaient à poings fermés. Enfin, ils se sont séparés et elle a dit :

— Demande à ton père !

— À Papa ? Pourquoi ?

— *Himlhergot !* Pour l'État, c'est lui le chef de famille. Pour l'État seulement, hein ? Et c'est lui qui a signé le papier.

C'était la première fois qu'Ivo mettait les pieds au *Circolo*. L'odeur de tabac, mélangée à beaucoup d'autres choses encore, sueur, café et poussière, lui a coupé la respiration pendant quelques secondes et piqué le fond de la gorge. Sur tous les murs, d'immenses affiches très colorées permettaient de faire le tour de l'Italie en moins de quinze secondes. Les hommes attablés jouaient aux cartes devant une grande baie vitrée qui donnait sur les rails du chemin de fer. La lumière les éclairait par-derrière, leurs contours massifs incomplètement profilés à contre-jour.

— *Dino, non è tuo figlio ?* a dit quelqu'un.

Ivo avait la sensation pénible d'un dysfonctionnement de son organisme et de son esprit dans ce qui ressemblait un peu trop à un repaire de brigands.

— *Cosa fai qui?*

Rocca s'est détaché de l'arrière-plan encrassé de fumée, changeante et brunâtre; ses pupilles ont brillé au fond de ses yeux cavés et Ivo a ressenti une vraie hostilité. Son père était méconnaissable. Il n'avait jamais imaginé qu'il puisse être différent du colosse attentionné, mais assez gauche dans les pattes de Máša, ou de l'ouvrier modèle saluant dans la rue toujours avec une inclinaison de la tête et un sourire humble. Il avait l'air de pouvoir devenir véritablement méchant. La conscience de Rocca était troublée. Son ressentiment était autant dirigé contre lui-même que contre sa réplique en miniature. Comme dans un mauvais rêve, Ivo est resté paralysé. Les membres du *Circolo* avaient cessé de bouger et le toisaient maintenant, curieux de ce qui allait se passer.

— Je...

Il y a eu un formidable tremblement du sol et des murs. La grande fenêtre a produit un sifflement aigu; une ombre est entrée dans la pièce. Le train qui descendait vers la plaine défilait à quelques centimètres de la vitre et les hommes ont tous fait mouvement pour voir le passage des wagons. Très loin dans leurs méditations, ils étaient insensibles au vacarme. Les secousses définitivement terminées, ils sont restés figés, occupés à suivre en pensée le convoi qui emmenait peut-être des voyageurs à mille lieues de la ville étriquée dans laquelle ils devaient vivre, jusqu'en

Italie dans leurs rêves. Seul Rocca n'avait pas tourné la tête, comme s'il n'en revenait toujours pas de l'existence de son fils à cet instant à cet endroit. Sur la table, il y avait un imposant alignement de bouteilles de vin particulièrement épaisses, sans doute parce qu'elles étaient destinées à être transbahutées pour apporter le goût de l'Italie à ceux qui en étaient éloignés. Rocca a saisi une des fiasques à portée de sa main ; il a versé du rouge dans un verre plutôt conçu pour contenir de la limonade. Il a avalé une rasade. Le silence est revenu et tous les hommes aux joues colorées d'avoir trop bu ont émis quasi en simultané divers soupirs, grognements ou murmures.

— *Cosa c'è ? Cosa c'è ?*

— Où est ma sœur ? a demandé Ivo.

Rocca s'est alors levé pour emmener son fils à l'extérieur. Eufemio, le collègue de la fabrique dont la femme, Maria, avait été une maman de ses deux premières années de vie, a lancé : « *Dino, hai fatto quello che dovevi fare.* » Ivo l'a détesté parce qu'il devait être au courant de leurs affaires familiales. À coup sûr, il en savait plus que lui.

Le papier dont avait parlé Máša était la première pièce de l'enchaînement malheureux qui devait être fatal à sa sœur.

— C'est une décision administrative de la Commune contresignée par le préfet, a soupiré Rocca.

Il a continué d'une voix encore plus grave :

— Jana est placée en pension. Chez des dames qui dispensent une bonne instruction aux jeunes filles.

— Mais pour combien de temps ?

— Je ne sais pas !

— Une bonne instruction, mais ça veut dire quoi ?

— Dans son intérêt…

— N'importe quoi. Là, c'est pas toi qui parles.

— Ivo, j'ai pas eu le choix. Le maire est actionnaire de la fabrique et il y a le directeur au conseil communal, *e tutti quanti*…

Il passait son poids d'une jambe à l'autre comme si le sol n'était pas stable.

— Et c'est où ?

— *Non so.*

— Arrête ! Donne-moi l'adresse.

Rocca avait perdu de son aplomb. Il se tortillait et c'était toute la ville derrière le brouillard déplacé par le vent depuis le Mont-des-Cerfs qui se balançait autour d'eux.

— Au bord du lac. À Grandson, entre la gare et le château.

— Elle va revenir quand ?

— *Non so.*

— Comment ça ?

— Ça va dépendre d'elle, et…

Rocca a haussé les épaules. Il se disait que la vie est rarement douce et merveilleuse, qu'elle l'était encore moins depuis quelque temps. Il a longuement fixé son fils. Rien ne pouvait calmer la tension de son esprit et le libérer du sentiment d'être à la merci des habitants de cette ville.

— Il y a des forces qui dépassent notre mesure.

— N'importe quoi !

Le lac étale et les rives lointaines frangées de roseaux scintillaient sous le soleil. Le printemps s'imposait déjà sans partage en plaine. C'était l'époque de l'année où les habitants des montagnes jurassiennes commençaient seulement à sortir de l'hiver. Encore maculés de blanc par endroits, les sommets du massif fermaient l'horizon. Ivo a longé le chemin entre la voie de chemin de fer et les berges avec en point de mire la silhouette aberrante du château médiéval de Grandson. Il s'est retrouvé devant l'adresse donnée par son père : une maison carrée de deux étages, entourée d'un grand jardin. Il a lorgné au travers des buissons dégarnis. Hormis les sons étouffés d'un piano et des bruits d'assiettes, tout était calme. Il s'est assuré de l'absence d'un chien, puis il a cambé le grillage. Il y avait une invasion de mauvaises herbes, des pots retournés, des cailloux dispersés un peu partout : un désordre étrange. Il s'est dissimulé derrière le tronc d'un grand arbre pour attendre en se demandant s'il était au bon endroit.

Atténuée par un voile de nuages bas, la lumière se déliait lentement et devenait blonde dans le ciel. Pour lutter contre un sentiment d'irréalité, pour revenir à la situation, il a pris au fond de sa poche un mouvement à musique Colibri. Il a tourné la manivelle avant de la balancer dans un taillis à l'autre bout du terrain. Les notes cristallines de *Where Do I Begin* ont résonné une longue minute : le silence ensuite, deux coups de sifflet d'un vapeur sur le lac, le silence à nouveau, puis une porte s'est entrouverte. Jana s'est précipitée vers les buissons. Elle a saisi la petite mécanique, s'est retournée en braquant ses yeux dans sa direction comme si elle savait depuis le début où il était caché. Elle portait une robe cocasse, très raide. On aurait dit qu'elle devait serrer les dents pour bouger.

Deux filles se sont penchées à la fenêtre du premier étage :

— Jana ! Jana ! Qu'est-ce que tu fabriques ?

Elle a traversé le jardin comme si de rien n'était ; elle s'est appuyée contre le tronc pour parler.

— Ivo ! Tu es venu.

— Qu'est-ce qui se passe ? Pourquoi tu es là ?

— Il n'y a rien à dire.

— Mais… ?

— Tu dois rentrer, Jana ! Mademoiselle Clément descend te chercher ! a lancé une des filles.

— Reviens ce soir !

— Jana, comment…

— Onze heures. Quand ces pies déplumées dorment.

— Au même endroit ?

— Oui

— Je reste.

— Qui vous a autorisée à sortir ? a crié une femme sur le seuil.

Jana a semblé devoir s'ouvrir un passage dans l'obscurité épaisse avec les épaules pour la rejoindre.

Ivo l'a attendue, l'humidité du jardin collée à la nuque. Les membres engourdis, il bougeait de temps en temps pour se rassurer de pouvoir encore le faire. Des nuages bas avançaient avec lenteur dans le ciel à peine mis en mouvement. Les lumières dans la maison se sont enfin éteintes ; la nuit immense est devenue un lourd manteau oppressant. Il a longtemps regardé des essaims d'insectes microscopiques dessiner des cercles autour de lui, puis il s'est assoupi.

Quand Jana a surgi, il a sursauté. Elle s'est esclaffée à la vue de sa tête. Plus son rire a duré et plus il a eu peur parce que c'était un rire sans aucune gaîté. Les derniers hoquets l'ont vraiment terrorisé. Elle lui a fait remarquer la silhouette tortillée d'une glycine le long de la façade :

— C'est trop facile.

— Tu sors souvent ?

— Oui.

— La nuit ?

— Oui !

— Et comment c'est ?

— Une bonne fille, ça ressemble à rien. Et c'est ce que je devrais être.

— Tu fais quoi ici la journée ?

— Ce que doit faire une bonne fille.

— Et c'est quoi ?

— Rien d'intéressant.

— Et les autres filles ? Tu t'entends bien avec elles ?

Il aurait voulu que Jana se blottisse contre lui ; il aurait voulu sentir la tiédeur de son haleine dans son cou. Il n'était pas rassuré. Il ne comprenait pas pourquoi ils ne s'étaient pas jetés dans les bras l'un de l'autre au premier regard. Après un long moment de silence et d'immobilité, elle a murmuré.

— À l'hôpital…

— Qu'est-ce qui s'est passé ?

— J'ai… comme si de rien n'était. C'est le médecin…

— Jana. Dis-moi !

— Ils ne l'ont pas enlevé. Il est parti.

Idiot, il n'a rien su dire. Idiot, il n'a pas su la consoler. Idiot, il a pensé aux conséquences pour la famille. Idiot, il s'est seulement dit qu'ils allaient la garder plus longtemps dans cette pension. Idiot, il n'a pas su être quelqu'un d'autre que sa petite personne à cet instant. Mais il a pensé que, peut-être, elle ne lui en voulait pas d'être idiot parce que dire quelque chose aurait été idiot aussi et qu'à ce moment précis elle s'est un peu approchée et leurs épaules se sont touchées peau contre peau. L'idée que Jana puisse avoir un bébé lui semblait impossible. Seule pendant des heures dans la forêt glaciale, elle avait « désiré que son ventre gèle à l'intérieur ».

Ivo a organisé sa vie en fonction de leurs tête-à-tête. Ils s'étaient mis d'accord sur les mardis. Et ces jours-là, parce qu'il n'y avait plus de trains qui montaient à Sainte-Croix après onze heures du soir, il prenait avec sa paie d'apprenti une chambre dans un hôtel bon marché pas très loin de la maison de rééducation pour jeunes filles. Il y avait la moquette criarde bleue du corridor à l'étage, la porte voilée qui fermait mal, les effluves insolites dans les recoins, un mélange dans lequel dominait une odeur de basses eaux et d'algues décomposées même si le lac se situait à plus de quatre cents mètres.

— Je joue à être un automate.

— Comment ça ?

— Il suffit de ne pas penser.

Un sourire indéfinissable est passé sur ses lèvres.

— Tu t'arrêtes de réfléchir. Tu deviens flottante. Tout est alors douteux autour de toi. Presque inexistant.

Elle a levé les yeux. Elle a longtemps fixé le sommet du grand arbre dont les derniers rameaux enchevêtrés disparaissaient dans la nuit. Ils sentaient dans leurs dos l'imperceptible vibration du tronc transmise par le vent. Jana a poussé une sorte de soupir de soulagement, comme si ce contact la remplissait d'une aspiration au bonheur.

— Mais, raconte !

— Quand je joue à l'automate, je donne assez l'impression d'être soumise à leur autorité…

Elle sait poser le pied où il faut, ça oui. Elle se souvient. Elle y pense souvent. Les courses à toute vitesse dans les pentes rocheuses, de long en large à travers les pâturages pleins de bosses et de trous. Le monumental escalier en bois qu'il faut monter et descendre à longueur de journée. Les sœurs Clément en sont fières: cela fait grande demeure. Ah, comme tout cela est mal assorti! Máša lui a fait cette remarque un jour. Elle devait avoir dix ans. « Tu vois, dans ce que les hommes fabriquent, tout ce qui est petit semble toujours trop grand et tout ce qui est grand semble toujours trop petit. » Chez les sœurs Clément, l'escalier est trop large, les lits sont trop étroits, les lustres sont trop volumineux, les armoires sont trop hautes, les assiettes et les tasses sont étriquées. Il y a un problème de proportions. Ce n'est pas comme dans la nature où tout a toujours la juste taille. « Ne vous précipitez pas! Ne courez pas! Un peu de grâce tout de même! » Les sœurs Clément empruntent l'escalier avec respect pour chaque marche, pour chaque centimètre de main courante polie. Elles ne manquent jamais de caresser les boules sculptées en forme de pomme de pin au départ et à l'arrivée de la rampe. Bien sûr Jana peut monter et descendre l'escalier avec souplesse et élégance. Ça oui. Il n'y a rien à dire. Mais elle s'amuse à ne pas enchaîner ses pas et ses gestes dans un rapport absolument logique, à ne pas disposer comme il faut les parties de son corps et à le dévaler d'un coup de façon non conventionnelle. Pour les sœurs Clément, balancer les bras en marchant est déjà inélégant. Alors, ça... Sauter une marche, atterrir sur deux pieds et la faire craquer horriblement, monter en amazone sur la main courante et se laisser glisser… Il en va ainsi : la plupart des gens considèrent les choses par l'usage convenu qu'ils en font. Et ça, c'est assez le triste ordinaire…

Les visages ronds et lisses des sœurs Clément expriment toujours la confiance béate des enfants qui se réveillent. Elles sont jumelles. Fausses jumelles, lui ont-elles dit. Nées dans les mêmes minutes, elles ne se ressemblent pas. L'une est-elle meilleure que l'autre ? se demande Jana. Celle qui est sortie en deuxième du ventre de leur mère en cédant volontiers sa place d'aînée ? Ou le contraire peut-être ? La lumière aveuglante tout là-bas ? Un danger ? Celle qui a ouvert la voie pour sa cadette doit être la plus altruiste… Quelle surprise de réaliser un jour qu'elles ont des prénoms ! Une lettre laissée sur la crédence de la salle à manger adressée à Mesdemoiselles Blanche et Constance Clément. Oui, oui, bien sûr, elles étaient la bonté incarnée. Jana ne pouvait rien leur reprocher. La plupart des êtres humains ont l'air d'être des contrefaçons à force d'habitudes invétérées, n'est-ce pas ? C'est ce que disait Máša en regardant les habitants de la petite ville industrieuse dans laquelle elle avait atterri. Les sœurs Clément semblent avoir décidé des choses une fois pour toutes. Voilà qui doit être vraiment rassurant. Un fameux apprentissage quand même : apprendre à nier le doute en soi. L'avoir si bien appris que cela vient naturellement sans effort. Et se fabriquer un air joyeux à partir de rien. Avec le sentiment d'avoir établi ses quartiers au bon moment au bon endroit avec les bonnes personnes. C'est ce qu'elles veulent pour les filles. Elles appellent ça « développer l'aptitude à la vie intime et sérieuse ». Il ne faut pas courir le monde inutilement. Ce n'est que de la poudre aux yeux. On y perd la fraîcheur de sa jeunesse, c'est ce qu'elles répètent. Jana pense au joueur de flûte traversière du musée de l'Auberson. Petite fille, elle était impressionnée. Un automate androïde. Toute une mécanique compliquée à l'intérieur, des ressorts, des pistons, des soupapes pour faire bouger et souffler un garçonnet dans les trous de l'instrument. Sa figure joufflue de porcelaine brillante. De grands yeux écarquillés, un sourire au coin des lèvres, béat pour l'éternité. C'est cela qui remplit le visage des sœurs Clément : une torpeur délicieuse, celle de la courte mélodie toujours répétée. Et tant pis pour les rouages invisibles.

— Jana ! Ne buvez pas au goulot ! Prenez donc un verre !

— Oui, mademoiselle Clément.

Jana se compose un visage de poupée. Et un sourire, la bouche fendue jusqu'aux oreilles.

Elle sort toutes les nuits. Elle quitte la grande chambre qui sert de dortoir, glisse assise sur la rampe de l'escalier jusqu'au rez-de-chaussée. Elle grimpe à l'arbre qui domine la maison ; le plaisir de se perdre quelque part dans le faîte à califourchon sur une grosse branche. D'un côté la fraîcheur réverbérée du lac et, tout là-bas très loin de l'autre côté, une ligne plus sombre, l'immense pli du Jura. Les mille tumultes étouffés et discrets du dehors, les feuilles bruissant et cliquetant tout autour. Par la fenêtre ouverte, c'est comme si elle entendait les respirations des filles endormies. Il y a une petite voleuse plus pâle qu'un linge : un flacon de parfum, une houppette à poudrer, des chapardages à peine prémédités. Une débauchée, parce que ses parents la soupçonnent de voir des garçons en leur absence. Une casseuse. Elle s'énerve et détruit tout ce qui lui tombe sous la main, mais elle a aussi frappé sa mère avec un gourdin. Une abandonnée, livrée à elle-même. Elle cherche surtout à se donner un air bête et ne parle que de tuer son père. Une exhibitionniste. Outrage public : elle s'est caressée avec son petit ami dans un parc. Des respirations régulières et tranquilles. Une connivence secrète de douleurs inconsolées et inconsolables. La journée, elles sont obéissantes. Mais voilà, n'est-ce pas ? La méchanceté, c'est une accumulation. Ça vient un petit morceau après l'autre ; une brique de malchance, une brique d'abandon, une brique de chagrin et encore une brique de chagrin. Et ça s'assemble. Toute une maçonnerie dans le corps qui obstrue le passage et raidit. Alors, ça oui des sourires de bonnes filles parfois. Mais des sourires encrassés. Et, à force, un ternissement des cheveux, de la peau, du regard à force de vivre avec tout ça à l'intérieur. Oui, elles sont obéissantes. Elles font semblant. Ce qui est déjà pas mal. Tout le monde fait semblant. Les cours ménagers, d'écriture, de lecture, les tâches domestiques. Mais elles sont aussi comme des mouches dans une bouteille. Elles se tapent contre le verre transparent. Incapables de retrouver l'endroit par lequel elles sont entrées. Et elles sont là à se taper et se taper contre ce qui n'est pas le ciel. Sans trouver l'étroite porte de sortie. Et elles savent seulement s'arrêter de fonctionner quand elles dorment. C'est épuisant.

Dans son arbre, elle ne bouge pas. Ses muscles durcissent. Elle fait la morte, reste immobile jusqu'à l'ankylose. Elle se met en congé de son corps. Elle se rétracte. Et lorsqu'elle descend et regagne son lit, elle est surprise d'être encore elle-même.

La journée, il lui reste quelque chose du dehors. Elle s'amuse de son impotence fonctionnelle. Elle est tout sauf distraite ; elle met un espace entre elle et le monde, tout simplement. Prends les choses les unes après les autres, séparées, lui disait Máša pour la consoler quand petite fille elle était triste. Une manière de la ramener à la vie immédiate. Ne pas considérer ce qui vient avant et ne pas considérer ce qui vient après. Les sœurs Cément lui reprochent à longueur de journée son dérèglement. C'est très facile d'avoir des mouvements imprécis dans le vide pour créer des catastrophes. Comme une comédie. Lâcher une assiette sans rime ni raison, envoyer valser un couvert après l'avoir glissé sur la faïence avec un horrible crissement, manipuler le drap qu'on doit plier jusqu'à le faire ressembler à de la charpie. On nous oblige. Alors il suffit de jouer à ne pas être soi-même. Se transformer en une machine obéissante dépourvue de raison, en apparence sans liberté propre. Avec un sourire indéfinissable aux lèvres. Ça donne le change. On pourrait croire à une forme de sagesse. « Tendance à fuir la réalité », ont écrit les sœurs Clément dans leur rapport. Elle s'efforce de mobiliser à peu près tous les muscles de son visage pour parler, avec l'air d'être ailleurs. Ce qui a pour effet de lui faire tirer la langue ou siffler entre ses dents. Elle ne répond pas par oui ou par non. Elle émet des chuintements. Elle bouboule comme un hibou. Les sœurs Clément n'osent pas conclure à un refus définitif de leurs préceptes. Comment l'imaginer, n'est-ce pas, une éducation concrète et matérielle ? Son air particulièrement ahuri dans les moments de prêche les fait plutôt pencher pour des troubles du comportement. Une lésion cérébrale quelconque sans doute.

Un soir, les fenêtres de la maison sont restées allumées plus tard qu'à l'accoutumée et il y a eu un terrible remue-ménage à l'intérieur. Lorsqu'enfin les lumières se sont éteintes, Ivo a épié l'instant où la glycine allait s'agiter. Il se disait : elle est peut-être punie, elle attend l'occasion opportune pour s'éclipser ou peut-être, leur manège découvert, elle est enfermée ? Les premiers oiseaux ont lancé des appels stridents pour signifier qu'ils avaient survécu aux ténèbres. Ivo a regagné son hôtel aux surprenants effluves lacustres. Elle n'était pas venue au rendez-vous.

Pendant deux semaines, personne n'a su où elle se trouvait. Au cours d'une promenade dans la campagne en compagnie du directeur du musée naturel, balade dont le but était d'apprendre aux jeunes filles à identifier les fleurs des champs, elle avait fugué.

VI

L'inflation renchérissait les matières premières et la concurrence devenait chaque année plus rude dans le secteur de l'électrique. Chez Hermès, on commençait à parler de machines à écrire aptes à sauvegarder sur une bande magnétique le texte tapé. Des ordinateurs IBM résolvaient désormais les questions techniques, mais Ivo le voyait bien : les ingénieurs mécaniciens ne pouvaient pas avoir de véritable respect pour des appareils fonctionnant en apparence sans effort.

Il se levait à l'aube, descendait en plaine pour aller travailler à la fabrique, occupé toute la journée au montage du nouveau modèle Ambassador Electric. Il avait l'impression de faire semblant de vivre : son emploi lui prenait de plus en plus la tête, un engourdissement qui n'était pas dû à la fatigue, mais au sentiment que cette activité faisait petit à petit diminuer sa sensibilité au monde extérieur.

Enfants, ils allaient de temps en temps se mettre à l'abri à la Cruchaude. Hors des mois pendant lesquels des génisses montaient à l'estive, il était facile de pénétrer dans cette ferme d'alpage. C'était Jana qui escaladait la façade, accédait à une fenêtre en hauteur, très adroite pour soulever ensuite la lame des volets avec un bâton et ouvrir les battants. Les souvenirs des moments passés dans la petite cuisine ou dans l'étable contiguë avaient fait naître une vague intuition et Ivo s'y est aventuré un samedi matin. Après le grand virage dans la forêt, il a quitté le chemin pour traverser les pâturages parsemés d'euphorbes fétides. Les dernières plaques de neige fondaient au soleil en laissant de longues traces baveuses sur l'herbe brune collée au sol. Il s'est approché discrètement par l'arrière. Les volets étaient fermés. Il a fait le tour de la ferme. Rien. Tout était à l'abandon. Il a décidé de grimper en essayant de se remémorer dans quelles anfractuosités Jana glissait ses pieds et à quelles saillies de la façade elle s'agrippait. Il ne s'est pas élevé à plus d'un mètre cinquante avant de se retrouver brutalement au sol. Il inspectait les bardeaux mal ajustés de l'écurie lorsque, portée par le vent frais, la mélodie de *Where Do I Begin* est descendue du ciel. Elle venait du sommet d'un sapin en bordure de forêt. Il s'est précipité en dessous. Les jambes de Jana se balançaient de chaque côté d'une branche. Elle était perchée très haut.

— Tu me l'avais laissée.

— Quoi ?

— La petite musique. Le premier soir chez les sœurs pas clémentes. Je l'ai gardée.

— Tu es folle. Tu vas te casser la figure.

Il savait qu'il y avait peu de risque. Elle montait dans les arbres avec la rapidité d'un courant d'air.

— Personne ne peut me surprendre. Ça fait un moment que je t'observe. Tu es trop drôle vu d'en haut.

— Je pensais bien que tu étais à la Cruchaude.

— Je passe mon temps dehors.

— Mais tu dors à l'intérieur ?

— Oui. Et quand je sors, je ferme tout.

— J'ai l'impression de discuter avec des semelles.

— Je descends.

Elle avait perdu beaucoup de poids. Cette Jana aux os du visage saillants faisait plus que ses dix-sept ans. Elle portait une grosse veste en laine. Ivo avait le vague sentiment de ne plus la connaître vraiment au point qu'il ne savait pas trop quoi faire. Il n'a réussi qu'à dire :

— Pouah ! Tu pues.

— Tiens, c'est gentil ça.

— C'est quoi cette nippe ?

— La veste du berger.

— Elle sent le bouc.

— Je sens pas.

— Et pour la bouffe ?

— Je me débrouille. Je pique des choses chez les gens.

— …

— En fait, je meurs de faim.

Il lui a monté quelques vêtements de ses tiroirs. Sa caméra avec de la pellicule, le mange-disque qu'elle avait reçu pour ses treize ans et ses 45 tours. Il lui procurait régulièrement des provisions. Il sautait dans le train pour Sainte-Croix après le travail, passait un moment à la Cruchaude et la rejoignait tous les week-ends. Elle dormait dans la grange attenante à l'habitation. Les réserves de foin de l'été dernier n'étaient pas épuisées. Elle avait creusé une galerie qui descendait vers un antre capitonné de sacs de jute. Elle s'y sentait en sécurité. Elle avait découvert un emposieu très en contrebas, là où la forêt est la plus épaisse. Un effondrement de terrain et une érosion calcaire avaient avec le temps formé un vaste trou circulaire. Elle avait attaché une corde à un arbre pour franchir les deux premiers mètres de terre meuble. À ciel ouvert, une partie plus petite de la cavité lentement creusée par les pluies était un abri sous roche. C'était profond et ombreux, avec des touffes de buisson tout autour de l'entrée. Assis sur de minuscules tabourets de traite, ils y passaient parfois plusieurs heures, enveloppés dans des couvertures. De l'eau noire fluait des parois, formait de minces filets qui se distendaient pour arriver jusqu'au sol. Jana le remuait avec la pointe de sa chaussure.

— Tu sens le phosphore ?

— Non.

— Respire à fond.

— Et le calcium ?

— Non.

— Une odeur d'os. Il doit y avoir une accumulation de squelettes sous nos pieds.

— On pourrait creuser.

— Tu imagines tous les animaux qui s'y sont écrasés sans pouvoir remonter.

— Des restes d'ours préhistoriques tout au fond peut-être.

— Sûrement.

Ils se sont sentis reliés à toute cette matière particulière.

— À quoi tu penses ?

— Tu sais pourquoi les bébés sont solides ? Pourquoi ils tombent de deux étages et ils n'ont rien ? Pourquoi ils survivent ensevelis sous les décombres d'un tremblement de terre ?

— Non.

— Ils ont beaucoup plus d'os que nous. Une centaine. Ils sont comme déliés.

— N'importe quoi !

— Les petits os se soudent pour en former de plus gros avec le temps.

— C'est vrai ça ?

— Oui, devenir grand c'est devenir raide.

Elle était blottie contre Ivo.

— Tu as froid ? a-t-il demandé.

— Non. C'est bien. Il faut laisser le froid s'exprimer. Mais j'ai besoin d'un bol de café au lait.

— On retourne à la ferme. On va en faire.

— Qu'est-ce que tu veux faire après ?

— Je veux partir d'ici. Partir loin.

— Mais comme métier ?

Elle a froncé les sourcils. Elle ne pouvait s'y résoudre. Elle a mimé les gestes d'un petit robot devenu fou avant d'éclater de rire. Puis, il y a eu un long silence. Elle a semblé perdre un moment le contact avec la réalité.

— Ce café au lait, on va le faire ? a-t-elle fini par dire.

Ils sont sortis de l'emposieu. Ils ont dissimulé la corde sous des branches mortes. Un brouillard blanc rampait sur les prés; lesté d'eau suspendue entre ciel et terre, il trempait tout. Parfois, un coup de vent le déplaçait, créait une ouverture, mais une ouverture sur rien d'autre que du gris plus foncé. Un sale temps de fin de printemps. Ils ont traversé les pâturages bosselés. Ivo s'est arrêté sur un étroit chemin façonné par le passage régulier des troupeaux. Jana était concentrée sur sa marche; elle avait le visage mauvais et les poings serrés comme si elle faisait un effort pour retrouver sa faculté à exister. Arrivée à sa hauteur, elle a dit:

— Tu entends?

— Quoi?

— Le souffle au-dessus des crêtes racle le sommet des forêts.

— Oui.

— Il nous baigne de mouillures jusque dans nos chaussures.

— Tu écris toujours des poèmes?

— Non.

— Pourquoi?

— Je sais pas. C'est trop encombré dans ma tête.

Il a eu peur de faire partie de l'encombrement de préoccupations dans l'esprit de sa sœur.

— On rentre?

Il a moulu le grain dans un vieux moulin en bois pendant qu'elle mettait l'eau à bouillir. Seuls les endroits utilisés dans la cuisine étaient nettoyés. Partout ailleurs, il semblait y avoir mille ans de poussière. La vapeur a formé une bulle chaude autour d'eux. Ils se sont assis à la table. L'intérieur était sombre même avec l'ampoule nue au-dessus de leurs têtes. Ils ont discuté jusque très tard dans la soirée, refait du café pour maintenir la chaleur épaisse de leur espace. À ce moment, la seule chose importante était de ne pas laisser filer le temps. Elle a sorti sa caméra Macrozoom de son étui. Elle a filmé la buée évaporée des tasses, violette lorsqu'elle était traversée par un faible rayon transversal. L'atmosphère n'était plus uniformément rousse, mais barbouillée de traces blanchâtres et bleutées. Elle a zoomé sur la vapeur accrochée au plafond, structurée en paquets posés les uns sur les autres, nets dans leurs contours. Elle a dévié sur la nuit qui collait à la minuscule fenêtre pour capturer son reflet incertain sur le verre. Sans s'arrêter, elle a ensuite basculé avec lenteur la caméra en direction de son frère assis sous la petite ampoule jaune. Ivo a fait une drôle de tête. Il n'aimait pas être fixé à travers un oculaire. C'était comme si une distance infinie le séparait de Jana à cet instant. Il a esquissé un vague sourire engageant. Le sourire de ceux qui, mal à l'aise, voudraient seulement qu'on les prenne dans les bras. Elle est arrivée au bout de la bobine de pellicule. Elle a regardé son frère :

— Nous sommes comme deux âmes à leur dernier jour de purgatoire.

L'atmosphère avait changé à la maison et Ivo ne pouvait pas toujours éviter les yeux mouillés et la voix suppliante de Máša. Elle prenait place à côté de lui sur le canapé du salon. Il savait ce qu'elle désirait dans ces subits moments de tendresse maternelle et il savait aussi que cela pouvait mal tourner.

— Ivo ! Dis-moi ce qui se passe !

Il a soupiré.

— Pourquoi sommes-nous atteints par la laideur ? Pourquoi ?

— C'est comme ça.

— Où est ta sœur ?

— Elle est hors de portée, a dit Ivo.

— C'est ce que tu imagines ?

— Oui.

Máša a étouffé un drôle de petit sanglot qui l'a secouée.

— Elle pense être imperméable à la méchanceté. Mais c'est uniquement dans sa tête. Le monde est plus fort, crois-moi !

— Elle est plus forte.

— Non.

— Si, tu verras.

— J'ai peur. Si tu sais quelque chose, tu dois me le dire. Elle doit rentrer…

— Je sais rien. Je voudrais bien.

Elle lui a serré le cou et il a senti dans son étreinte le début du désir de l'étrangler. Il préférait quand elle s'en prenait au mobilier.

— Tu aimes ta sœur.

— Aïe !

— Tu dois dire où elle se cache.

— Arrête.

— Où est-elle ?

— Tu me fais mal.

— Ses habits. Ceux qui ont disparu dans sa chambre. Ils ne se sont pas envolés.

— Je ne sais pas. Elle est sûrement venue en notre absence.

— Tu mens.

— Je peux plus resp… !

Elle l'a lâché d'un coup. Elle s'est levée pour s'agenouiller au milieu du salon. Elle a dégagé sa nuque en rassemblant ses cheveux au-dessus de sa tête, les a comprimés pour former un chignon rond et dense. Elle les portait ainsi depuis la disparition de Jana : un petit paquet au sommet du crâne, dur comme de la pierre, dont la confection nécessitait autant de temps que les emballages des boîtes à musique destinées à l'international. Elle n'avait plus la force de lui en vouloir. Elle a allumé une cigarette, les mains tremblantes.

— Ivo, tu sais où se trouve Jana et tu me dis rien.

Elle s'est dirigée vers la cuisine à bonne distance du mobilier, mais non sans lancer un muet anathème sur le buffet, la pendule et la grande table.

Le lendemain, Ivo a aperçu son père grossièrement dissimulé derrière le tronc d'un platane au moment de l'entrée en gare. Máša avait demandé à Rocca de le prendre en filature. Il a caché ses sacs de victuailles pour Jana sous son siège avant de descendre du wagon en toute décontraction. Pareillement détendu, il a marché d'un pas rapide en direction de la maison. Ce n'était pas difficile de le semer : il a bifurqué d'un coup dans une ruelle adjacente pour retourner à toutes jambes à la station et récupérer ses bagages avant le départ du train vers la plaine.

Ivo avait passé la soirée à la Cruchaude. Il rentrait et son père a surgi de derrière le cabanon de jardin. Sa masse sombre lui a barré l'entrée de la maison. C'était le Rocca du *Circolo,* celui qui a discuté en italien pendant des heures avec ses copains et suffisamment bu. Il portait sur ses épaules les soucis économiques de la direction de la fabrique qui n'étaient pas les siens et il y restait désormais de plus en plus longtemps.

— Ivo.

Sa voix étrangement neutre avait une tonalité dolente.

— Je sais que tu vois Jana.

— …

— La seule chose, pour nous rassurer, dis-nous si elle va bien !

Le stratagème était un peu grossier. Ivo a essayé de distinguer les traits de son père. La nuit était claire et immobile autour d'eux, mais son visage demeurait une tache noire dans l'obscurité. Ivo a eu le sentiment de ne plus habiter dans son corps, de s'égarer très loin sans jamais pouvoir le rejoindre. Cela n'a duré qu'une fraction de seconde.

— Tu ne veux rien dire, hein ?

Il a avancé d'un pas et Ivo s'est soudain senti enveloppé par un puissant champ magnétique. Il a souri, mais sans conviction parce qu'il n'était pas tout à fait certain de devoir le faire.

— Je ne sais pas où elle est, a-t-il bredouillé.

Rocca a eu le même genre de sourire mal assuré. Ivo a distingué ses sourcils broussailleux en circonflexes au-dessus de ses yeux, son menton frémissant d'énervement contenu. Il portait maintenant les cheveux plus longs, presque sur les épaules. Quelque chose dans son apparence physique générale avait changé. Il devenait chaque jour un peu plus italien.

— *Lo so che è in montagna.*

— …

— Bah ! *Non m'importa.*

— …

— Elle est mieux là-bas que chez les sœurs Clément.

— Mais pourquoi ? Pourquoi elle n'est pas rentrée à la maison ?

— À l'hôpital… j'ai signé la demande de protection.

— Mais quoi ? Quelle protection ?

— Je ne pouvais pas faire autrement… c'est pour son bien.

Il a eu l'air égaré ou à la recherche de quelque chose de perdu, roulant des yeux autour de lui comme s'il sentait rôder dans les parages une obscure condamnation au malheur portée contre sa famille.

— Et maintenant, hein ? Qu'est-ce qui va se passer ?

— *Non lo so !*

Rocca a fait une chose qui n'était pas dans ses habitudes : il a saisi son fils par les deux épaules en le fixant les pupilles dilatées. Puis, il l'a serré contre sa poitrine qui avait conservé des relents de l'atmosphère confinée du *Circolo.* Il s'est un peu détaché et sans le lâcher, il a dit :

— *Sopratutto… devi prenderti cura di lei !*

Il a répété en français comme si prononcer les mots en deux langues leur conférait plus de poids :

— Tu dois prendre soin d'elle.

Le soleil de dix heures semblait sortir tout neuf d'un écrin après plusieurs jours de pluie. Il déchirait l'air frais et donnait de la clarté et du brillant à tout ce qu'il touchait. Dans la montée, un peu avant le lourd clédar métallique marquant le début du pâturage de la Cruchaude, une vieille Jeep délabrée était garée sur le bord du chemin. Ivo a pressé le pas. Une Volvo Amazon de la gendarmerie barrait l'entrée de la ferme. Il a opéré un détour tactique par la forêt pour s'approcher. Personne. Il a couru se glisser derrière la voiture puis, ni vu ni connu, il s'est accroupi de l'autre côté du mur qui délimitait une partie de la cour. Les volets étaient ouverts; des voix d'hommes inaudibles venaient de l'intérieur. Il s'était passé quelque chose.

La Jeep était celle du berger monté à l'alpage pour contrôler les lieux avant le début de la saison. Parce qu'il s'était arrêté plus bas pour inspecter l'état des clôtures avant de continuer à pied jusqu'à la ferme, Jana l'avait entendu trop tard entrer dans la cuisine: impossible de s'échapper par la petite fenêtre en hauteur à l'arrière du bâtiment. Prise au piège, elle s'était rapidement enfoncée dans sa tanière de foin, calfeutrée sans oser faire de bruit, sans oser émerger pour ranger ce qui traînait peut-être à l'extérieur. Le berger avait remarqué les traces de propreté au milieu de la saleté, les assiettes et les verres déplacés; il avait tourné un moment pour essayer de déchiffrer le désordre, puis il s'était assis pour fumer une cigarette et réfléchir. Quelqu'un avait établi ses quartiers d'hiver dans la maison. Il s'était décidé à aller inspecter la grange attenante. Il avait trouvé un chouchou dans le foin remué, un élastique que Jana mettait pour ne pas se prendre les cheveux dans les branches. Il avait déniché un tabouret à trois pieds et il s'était posté devant l'entrée de la galerie.

— Je sais que tu es en dessous. J'ai tout mon temps. Sors maintenant! Tu veux faire le malin?

Il passait et repassait le chouchou entre ses doigts.

— À moins que tu sois une maligne… Sors!

Tu es sûrement une maligne… ça me plaît bien si tu es une fille… Nous sommes que les deux. Bon. Je compte jusqu'à trois. Si à trois tu n'es pas dehors, je te déloge. 1… 2… 3. Comme tu veux. Je vais essayer de ne pas trop t'abîmer ma belle.

Le berger s'était mis à enfoncer une fourche dans le foin de plus en plus profondément, puis avec force et rage au risque de la perforer. Elle avait décidé d'émerger tout d'un coup pour lui filer entre les mains. Elle lui avait jeté une brassée d'herbes sèches à la figure; elle s'était baissée, avait rampé dans la poussière à quatre pattes en direction de la porte. Stoppée net dans son élan, attrapée par un pied, elle s'était débattue sans succès pendant qu'il la tirait vers lui.

— Oh ! Tout doux. Tout doux. Un beau petit brin de fille. Avec du caractère à ce que je vois.

Ah, mais ça alors ! Mais tu es la fille Rocca.

Il avait réussi à la traîner jusqu'aux étroits W.-C. dans lesquels il l'avait enfermée à double tour, coinçant une chaise sous la poignée de la porte pour plus de sécurité avant de descendre en ville chercher les gendarmes.

Sur le terre-plein de la ferme, Ivo se demandait comment libérer Jana. Il a secoué les quelques petites musiques Colibri au fond de ses poches. Il en avait toujours sur lui. Il s'est précipité jusqu'au premier mur en pierres sèches qui serpentait vers le pâturage pour glisser un mécanisme dans un interstice. Les notes fluettes de *La chanson de Lara* se sont égrenées au moment où il regagnait son abri. Un gendarme, un de ceux qui étaient venus annoncer un matin de l'hiver précédent que Jana était à l'hôpital, les joues poupines de boisson et de bonne vie au grand air, est sorti sans se presser. Il a regardé autour de lui, s'est dirigé vers la mélodie. Il l'a extraite de sa cachette, l'a examinée, puis il a jeté un coup d'œil circulaire sans conviction.

— Il y a quelqu'un ?

La musique s'est éteinte.

— Qu'est-ce que c'est ? a crié le policier resté à l'intérieur.

— Je ne sais pas. C'est bizarre.

Il a haussé les épaules, glissé la boîte dans son veston avant de rejoindre les autres. Jana est sortie serrée entre les deux gendarmes. Ils avaient réussi à lui mettre des menottes. Forcée à avancer, elle se débattait, donnait des coups de pied désespérés dans les jambes des deux hommes, mais aussi le plus souvent dans le vide. Le berger les suivait. Il passait la main sur deux grosses griffures rouges du front au menton qui saignaient encore :

— C'est une folle furieuse.

Jana est parvenue à se tordre suffisamment pour lancer un crachat derrière elle. Irisé par les rayons de soleil, il a décrit une courbe parfaite presque au ralenti avant d'atterrir dans les cheveux du jeune berger.

— Oh ! Oh ! Doucement ! a dit un gendarme.

— Vous puez tous la porchitude !

Ils ont pressé sur sa tête comme pour tasser son squelette et la rétrécir ; en la poussant de toutes les manières possibles, avec leurs bras, leurs hanches et leurs ventres, ils l'ont fait entrer dans la voiture. Enfin, ils ont pu l'attacher à l'appuie-tête du siège passager avec une deuxième paire de menottes. Le berger était resté figé à l'endroit où il avait été touché par le crachat. Il n'essayait même pas d'enlever la viscosité dans sa tignasse.

Avant de prendre le volant, le gendarme joufflu est retourné à l'intérieur. Jana a dirigé les yeux en direction du mur de béton, exactement là où Ivo se trouvait. Il s'est dressé un peu pour apercevoir le visage de sa sœur voilé par la vitre sale. On aurait dit un portrait bâclé à grands traits dans un cadre inapproprié. Leurs regards se sont croisés. Elle a eu un genre de sourire triste de profonde lassitude. Le deuxième gendarme a passé la porte de la ferme les bras chargés : un petit paquet avec les quelques affaires de Jana dans une main et la précieuse caméra avec la dizaine de boîtes de film dans l'autre. La Volvo Amazon a démarré. Jana a encore jeté un œil en arrière au moment où la voiture s'est engagée sur le chemin. Dans le dos du berger, Ivo a adressé un signe à sa sœur sans savoir si elle pouvait le voir.

VII

Ivo gagnait un peu d'argent en tapant les pages de travaux, séminaires, mémoires ou thèses d'étudiants. Il avait acquis une certaine renommée pour rendre sans ratures trois exemplaires grâce à sa force de frappe et au papier carbone, toujours dans les délais même s'ils étaient particulièrement courts. Il survolait des textes ennuyeux, étonné en voyant les lignes défiler à toute vitesse que cette production puisse être lue. Jamais il ne retrouvait le charme des débuts de romans copiés chez Hermès Precisa ; c'était surtout une bonne manière de ne penser à rien pendant plusieurs heures d'affilée. Il travaillait sur le mémoire d'une étudiante intitulé *Répartition judicieuse des forêts et des pâturages : le cas jurassien*. Les barres de sa machine électrique battaient le papier avec le bruit feutré d'une arme à feu munie d'un silencieux. L'économie pastorale est tout aussi rébarbative que l'économie monétaire, industrielle ou publique, mais un soir il est tombé amoureux.

Le style lui a d'abord semblé particulièrement sans âme. Il avançait vite avec le minimum d'implication intellectuelle nécessaire. À l'entame du deuxième chapitre : « Le principe du cantonnement des surfaces boisées étant admis, il convient d'examiner maintenant quels sont les critères qui doivent présider à une répartition judicieuse des terres », les mots très techniques ont commencé à former une étonnante unité mélodique et à résonner d'une manière très agréable dans sa tête. Il a ralenti le rythme ; il relisait les pages terminées au moment de changer les feuilles sur le rouleau. Les zones forestières auxquelles les vaches n'avaient pas accès étaient sous sa plume « soustraites au parcours » ; si les vaches divaguent sous les frondaisons, les sapins et les hêtres disparaissent au profit des épicéas. Cela donnait : « dans les forêts parcourues, l'obliquité, la dissymétrie des courbes font clairement ressortir les effets de l'abroutissement et de l'action du bétail en général. » L'appel de note renvoyait à la remarque suivante : « les animaux savent très peu s'amuser. Ils vont le plus souvent à l'essentiel. » Cela lui a semblé si juste et si étrange. Parmi les interminables références et citations d'autres spécialistes de l'ingénierie agronomique, les bas de page étaient constellés de discrètes considérations en décalage avec le contenu du mémoire : « se soumettre au paysage est une façon de conjurer l'imprévisible. » Plus loin, une note disait : « la nature est changement, fluidité et impermanence ; elle résiste toujours à une réification. »

Il a quitté sa machine à écrire pour aller boire un verre au lavabo. Il a fixé l'eau du robinet, un peu hébété de se retrouver à nouveau relié à son cerveau après des heures de travail ennuyeux: «Je dois faire la connaissance de cette future ingénieure agronome», a-t-il pensé. Il lui a téléphoné le lendemain pour lui demander si elle était d'accord de le rencontrer après les cours, prétextant des difficultés à déchiffrer son manuscrit. Lydie est venue dans sa chambre d'étudiant la semaine suivante.

— Les murs sont pleins de vie ici.

Elle a balayé du regard le minuscule studio.

Un transistor grésillait dans la pièce d'à côté. On entendait des bruits de chasse d'eau; tous les habitants de l'immeuble semblaient avoir ingéré des aliments contaminés ce jour-là. Des éclats de voix résonnaient dans les étages.

— On s'y fait.

— Et comme ça, tu es à l'école normale.

— Oui, j'ai réussi l'examen d'admission. J'ai fait un apprentissage de mécanicien à Yverdon. Une fabrique de machines à écrire... mais bon cela ne m'a pas trop plu. Alors, voilà... À l'école normale, ils appellent ça une vocation tardive.

— Il y a des écoles anormales?

— On doit inculquer des normes aux enfants, je suppose.

— Des normes, pfuit!

La majorité des étudiants assimilaient avec méthode les instruments techniques de la pédagogie, toujours sérieux et d'humeur égale pour se préparer à leur futur sacerdoce au milieu d'un tourbillon d'élèves turbulents. Ils finissaient par se ressembler comme sortis d'une manufacture de maîtres et de maîtresses produisant un modèle unique. Et il y avait celles et ceux, libres et fantaisistes, qui semblaient suivre les cours soit pour confirmer ce qu'ils savaient déjà, soit pour vérifier la relative inutilité de ce que le professeur professait par rapport à ce qu'ils savaient déjà. Ses camarades le bluffaient, mais il avait rarement besoin de surmonter sa timidité : presque tous l'évitaient la plupart du temps.

— Aucune ne doit être fille ou fils d'ouvrier…

Puis, après un court silence, Lydie a ajouté :

— … ou anciens ouvriers et ouvrières dans une fabrique de machines à écrire.

Ses mots lui ont fait l'effet d'un compliment et il n'a pas pu s'empêcher d'y déceler une manifestation de tendresse. Elle l'a regardé d'une façon étrange. Puis, elle a fixé le plafond. Il l'a imitée. Pendant plusieurs secondes, ils ont eu l'air de deux personnes qui attendent un événement extraordinaire. C'était une manière douce et détendue de communiquer.

Elle avait les cheveux coupés très court, d'immenses yeux noirs plantés dans un visage rond ; la forme de ses lèvres dessinait un sourire permanent sur sa bouche. Ivo la trouvait très belle perdue dans son jean et son t-shirt trop grands ; l'air d'avoir pris une fois pour toutes la décision de ne pas ressembler à une adulte. Ils ont un peu parlé de son mémoire de licence. Elle allait le soutenir avant l'été. Son professeur l'encourageait à prolonger ses recherches par une thèse, garantie absolue selon lui de décrocher un poste dans une administration cantonale, voire au sein de l'office fédéral de la protection de l'environnement qui allait bientôt être créé à Berne.

— Je veux passer le moins de temps possible dans des bureaux. Ce que j'aime c'est le terrain. J'ai l'impression de vieillir à toute vitesse… une seconde comme un mois quand je suis enfermée.

— Je crois entendre ma…

— Qu'est-ce qui t'arrive ?

Ivo venait de penser à Jana et des sensations désagréables commençaient à rétrécir sa poitrine.

— Ça va ?

— Oui. Oui.

Son visage, juste après avoir sauté depuis l'étage supérieur d'une grange dans le foin frais, l'odeur de son cou et les craquements des brins sous leur poids à ce moment précis : des images mentales de Jana ont déferlé dans sa tête. Son estomac s'est enroulé sur lui-même, pareil à un torchon que l'on essore. Il savait comment dissiper ce genre de malaise par des exercices physiques. Il a commencé à s'étirer la main contre le mur. Il s'est ensuite accroupi, le buste droit, les jambes repliées et a fait pivoter le haut de son corps en alternance à gauche et à droite. Elle l'a regardé effectuer encore quelques grandes fentes, quelques génuflexions rituelles. Ce qui occupait toute la place dans son bas-ventre, la paralysie de ses membres cotonneux avec une envie de vomir s'est lentement estompé. Il s'est rassis sur sa chaise.

— Ça te prend souvent ? a-t-elle demandé.

— C'est assez bizarre, non ?

Elle ne semblait pas plus étonnée que s'il avait réalisé une démonstration de jonglerie pyrotechnique avec torches et déluge giratoire de feu. Ivo a regardé le soleil laiteux contre la fenêtre, puis Lydie. Elle était soudain plus proche, comme si de mystérieux jeux de lumière confinés dans le petit studio créaient un effet d'optique d'opalescence et d'iridescence réduisant la distance entre eux. Un vrai sourire s'était superposé à celui naturellement formé par ses lèvres.

— Mais cette gymnastique ? T'avais l'air de pas être bien du tout.

— Je dois faire ça parfois. Quand je pense à ma sœur.

— Ta sœur ?

— Jana.

Il lui a dit à quel point ils étaient complices et comment était Jana, toujours capable de prendre ses aises avec la réalité.

— Nous jouions souvent à faire le mort, étendus côte à côte. On s'amusait à rendre nos respirations inaudibles. Mais elle a disparu. Je ne la vois plus depuis une année et deux mois.

— Comment ça ?

— Mon père a signé un papier. Et à partir de là... Papa l'a fait parce qu'il a peur. Il a toujours peur en fait, je crois. Tu sais, le regard dirigé vers le sol, fuyant quand il croise quelqu'un d'important. En tous les cas, plus important que lui, des gens qui ont réussi, avec du pouvoir. Il a le regard de ceux qui savent à l'avance qu'ils seront toujours perdants.

— Mais ta sœur ? Elle est où ?

— Dans une institution pour jeunes filles, parce qu'elle traînait dans la forêt, faisait des rencontres et... à l'hôpital...

— Tu n'es pas obligé de tout me raconter.

— Bon, elle a fugué de cet endroit et la police l'a retrouvée. Mon père a signé un deuxième papier et plus de nouvelles pendant plusieurs semaines. Une mécanique se met en marche et on ne peut pas l'arrêter. Ils appellent ça: privation de liberté à des fins d'éducation. Je ne suis pas trop sûr des termes. Mais c'est ça: elle est enfermée et mes parents paient chaque mois une somme. Comme des frais d'écolage. Et pour son bien, pour la protéger d'elle-même, pas de correspondance, pas de visites.

— Ça n'a pas l'air très normal. Et tu sais où elle est?

— Quelque part en Suisse allemande. Je lui envoie des livres, des lettres, mais jamais de réponse.

Elle s'est avancée sur son siège; elle a plongé ses yeux dans les siens. Submergé par une vague paisible, Ivo s'est senti aspiré dans la sphère intime de Lydie, enveloppé par sa chaleur. Et cela aussi était un réconfort. Sur le palier au moment des adieux, Lydie lui a effleuré l'avant-bras du bout des doigts, une caresse qui valait mieux que toutes les bonnes paroles d'encouragement. Elle lui a fait part de sa conclusion, fruit d'une délicate réflexion:

— Toi, tu dois encore apprendre à aimer…

VIII

Máša partait bravement tous les matins à la fabrique pour les expéditions : le monde avait manifestement toujours besoin de musiques en boîte. Elle aurait préféré confectionner des paquets dans lesquels elle aurait mis toutes ses angoisses, ses émotions trop pénibles et d'autres encore avec le reste de ses soucis. Elle n'en voulait pas aux habitants de la ville de lui avoir pris sa fille. Ils étaient de simples éléments du décor de sa vie ; certes, ils existaient et il fallait faire un minimum société, mais toutes ces femmes et tous ces hommes n'en demeuraient pas moins avant tout abstraits et interchangeables. Elle en voulait au conseil communal, au maire, aux assistantes sociales, aux médecins, à la préfecture : autant de pouvoirs lointains dont elle peinait à concevoir la réalité. À Rocca aussi parfois, trop soumis aux autorités, aux patrons : « Il a un peu trop tendance à considérer ce qui est son dû comme une largesse. » Elle pensait au village de son enfance en Bohême où tous avaient appris à avoir l'humilité et la retenue chevillées au cœur, habitués à rester discrets et paisibles dans l'attente des bienfaits promis du communisme. « Si on vit de presque rien, on a peur de rien », disaient-ils tout bas, sans être jamais vraiment rassurés ; les dirigeants du Parti pouvaient décider un jour que le « presque rien » était déjà trop et les punir.

Máša semblait avoir enfin trouvé un modus vivendi avec les meubles qui encombraient la maison. Elle ne heurtait plus la table ou le guéridon du genou en pestant. Elle évoluait avec fluidité dans un espace où elle ne risquait plus de percuter Rocca qui avait presque élu domicile au *Circolo* ; Ivo se retrouvait le plus souvent seul avec elle. Il la regardait : elle avait changé. Elle esquissait parfois un sourire, le sourire confiant de celle qui n'a pas renoncé aux explications et qui revendique encore l'importance de sa présence sur cette terre. Elle se refusait à refouler ses sentiments au fond d'elle. Ses traits s'étaient même vaguement durcis. Et chaque mois, comme si elle était faite de matière plus serrée et plus dense, elle prenait un peu mieux sa place. Il était rassuré : elle ne devenait pas comme les gens d'ici, le corps encrassé et les mâchoires bloquées à force d'introspection.

C'étaient les vacances et Ivo traînait à la maison. Tirée à quatre épingles, Máša s'est plantée devant lui :

— On va libérer Jana.

Elle portait un ensemble bleu roi : une jupe tailleur descendant jusqu'aux genoux assortie à une veste longue avec de gros boutons de la même couleur sur le devant et des manches jusqu'aux coudes.

— Je vais en plaine chez le préfet. Tu m'accompagnes.

Résultat d'un mélange d'imagination et d'énergie contenue, cette décision ne se discutait pas. Máša voulait intercéder pour sa fille auprès du responsable administratif du district. Jana devait revenir à la maison. Il était presque impossible d'obtenir des nouvelles depuis des mois.

Sans rien dire à Rocca, ils ont pris le train du matin. Elle s'est tenue étrangement droite et raide dans son manteau pendant tout le trajet. Elle regardait devant elle avec ce qui pouvait être considéré comme une froide détermination ; les voyageurs somnolents qui les connaissaient avaient été à peine étonnés de les voir ensemble, mais Máša et Ivo n'avaient pas été surpris de ne pas être salués.

Ils ont bu un café debout au comptoir d'un bar de la rue des Moulins. Toujours raide comme la justice, Máša gardait un bras collé à sa hanche.

— Il y a quelque chose qui cloche ? a demandé Ivo.

— Tout va bien.

— Tu as l'air tendue.

Elle n'a pas répondu. Elle a dit :

— J'y vais toute seule. Reprends un café et un croissant ! Attends-moi !

Elle n'avait pas rendez-vous. Occupée à sa table de travail dans ce qui servait d'antichambre, la secrétaire l'a dévisagée. Habituée à voir défiler toute la journée des administrés qu'elle divisait en deux catégories, les soumis impressionnés par les rouages bien huilés du pouvoir et les autres, elle a en une fraction de seconde classé cette étrangère dans celle des citoyens irrémédiablement indociles. Elle a appliqué la méthode réservée aux situations délicates. Elle a appuyé sur le bouton de l'interphone et prononcé une phrase qui était aussi un code secret :

— Une dame est là pour un cas difficile.

Máša a été décontenancée en entrant dans le bureau : c'était un petit homme sec, les cheveux blonds gominés en arrière, comme une deuxième peau épaisse sur le crâne. Il regardait par la fenêtre et, sans se retourner, il lui a demandé d'une voix lasse :

— Qu'est-ce qui vous amène ?

— Je viens pour ma fille, Jana Roccasecca. Elle n'a rien fait de mal. Elle n'a pas volé. Elle n'a pas tué. C'est sans raison. Elle... Vous devez la libérer immédiatement.

— Jana Rocca ?

— Oui. Jana Rocca. Vous devez la relâcher.

L'homme a fait volte-face ; au lieu de rester sagement derrière sa grande table, Máša s'était placée à vingt centimètres dans son dos. Surpris, il a eu un léger mouvement de recul. Dans son complet veston de flanelle un peu lâche autour de son corps, il ressemblait à un commissaire du parti communiste, de ceux qui avaient commencé à rôder dans son village de Bohême au début de 1945, juste avant leur fuite précipitée. Cela a renforcé sa détermination et elle a hurlé :

— Je vous demande de déchirer tous les papiers qui maintiennent ma fille en détention. Tout de suite.

— Oh ! Oh ! Doucement, madame. Détention, comme vous y allez !

Parce que Máša le pressait, il restait coincé dans l'encoignure de la fenêtre.

— Je… je me souviens du dossier. C'est un cas d'internement administratif. Et donc…

— Donc quoi ?

— Cela ne dépend pas de moi. Les médecins, la commission…

— Vous allez déchirer tous ces papiers maintenant et les jeter à la poubelle.

Elle a déboutonné son manteau dans lequel elle avait dissimulé un long couteau de cuisine, celui toujours très affûté pour couper la viande.

— Tout de suite !

Mais elle s'est empêtrée. Au lieu de saisir la poignée, elle a projeté son arme avec force vers le bas. La lame a effleuré sa jambe et s'est plantée dans son escarpin.

— Nom de nom ! a soufflé le préfet.

Dans un état de stupéfaction, Máša regardait son pied, les yeux écarquillés, sans oser bouger.

Elle a rejoint Ivo au café en boitillant.

— Ce qui l'a apitoyé, c'est le sang. Tu sais, personne ne reste indifférent à la vue du sang.

Le couteau avait glissé entre deux orteils, seulement éraflés.

— Mais… mais. C'est pas possible. Qu'est-ce que tu espérais ? Sous la menace. J'y crois pas. Tu…

Máša avait un air détaché, comme s'il lui parlait de la météo.

— Et il va porter plainte. À coup sûr. Ce n'est pas bon, pas bon du tout.

— Non non, je ne crois pas.

Elle lui a raconté comment le préfet avait pris soin d'elle, comment il l'avait aidée à dégager délicatement sa chaussure, comment il l'avait rassurée : « Prenez un mouchoir ! Séchez vos larmes. Cela restera entre nous. Rien de ce qui s'est passé ne sortira d'ici. » Il avait appelé sa secrétaire pour lui demander de leur apporter deux verres de cognac. Elle était ensuite descendue à la pharmacie et elle avait ramené des pansements.

— S'il ne porte pas plainte, c'est qu'il y a quelque chose qui cloche. Des irrégularités dans la procédure ou je ne sais pas quoi… a dit Ivo.

Ivo a vu son père pour la dernière fois un dimanche matin dans la cuisine, le visage couperosé, les joues colorées et un regard plein d'incompréhension. Le vent mauvais de la crise avait aussi soufflé dans les montagnes du Jura. Les ingénieurs avaient pourtant longtemps affiché leur optimisme : la qualité supérieure de modèles uniques, le soin maniaque apporté au façonnage de la plus modeste pièce de leurs caméras, devaient s'imposer face aux appareils japonais ou américains moins chers et moins fiables. Mais il avait bien fallu se rendre à l'évidence : la perfection n'était qu'un détail accessoire dans la vie économique. Après l'échec commercial des formats super-huit, victimes de la concurrence de l'Eastman Kodak Company, Bolex avait été racheté par la firme autrichienne Eumig. La production se faisait désormais à l'étranger. Seul le modèle H16 était encore monté à Sainte-Croix. Quelques ouvriers qualifiés, parmi lesquels Rocca, étaient restés pour travailler sur ce fleuron de la marque dont on espérait développer une version électrique, mais plus chère et plus volumineuse que les appareils fabriqués au Japon ou aux États-Unis.

Rocca a posé son bol de café au lait sur la table, passé la main dans ses cheveux maintenant très longs, puis il s'est assis en face de son fils. L'atmosphère tiède de la pièce était emplie de leur odeur, celle de tous les réveils quand les fenêtres sont hermétiquement closes. Rocca s'est graduellement déraidi et élargi. Ivo le trouvait différent du père qu'il avait connu enfant. En le regardant, il se disait qu'il avait achevé sa mue : il était redevenu un Italien. Le peuple suisse avait refusé de justesse au mois de juin de l'année précédente l'initiative populaire « Contre l'emprise étrangère » qui voulait limiter à dix pour cent les résidents non suisses dans chaque canton. Les affiches de l'Action nationale annonçaient : « Chaque seconde, un mètre carré de nature est perdu. Voilà la conséquence de la surpopulation : des surfaces de béton et encore des surfaces de béton… » ; elle visait plus particulièrement la main-d'œuvre transalpine.

— Pourquoi tu rentrerais pas au pays ?

— *Ndà ndóe a stà mèi de ché !*

— Qu'est-ce que tu racontes ?

— Pour trouver une vieille tante que je ne reconnaîtrais même pas.

— Tout de même, ton village…

— Quand tu n'as plus de famille, ce n'est plus ton village.

Il a soulevé son bol, bu lentement en le regardant par en dessus. Puis, il est resté un long moment silencieux avant de dire :

— Je suis allé à la maison de rééducation.

— Tu l'as vue ?

— L'aller et retour en une journée. Je n'en ai pas parlé à Máša.

— Et alors… raconte !

— De loin, ça ressemble à un château. Mais quand tu approches… ça devient très différent. C'est comme une prison.

— Une prison ?

— C'est ce qu'on m'a dit. On paie des frais d'éducation chaque mois, mais c'est une prison.

— Et tu as rencontré Jana ? Comment va Jana ?

— Non.

— Comment ça ?

— Il n'y a pas de visites. Je n'ai pas très bien compris. Tu sais… le suisse allemand. Isolement social. C'est ça. Isolement social.

Il a tendu un papier.

— *Prendi !*

C'était une feuille pliée en quatre. Ivo l'a ouverte. Un nom et un numéro de téléphone étaient griffonnés d'une écriture qui n'était pas la sienne.

— Qu'est-ce que c'est ?

Rocca avait longtemps tourné autour de l'établissement pour l'observer sous toutes les coutures avant d'entrer dans l'auberge du village et de se mêler aux paysans taciturnes qui buvaient, accoudés au comptoir. Un homme très élégant, attablé dans un coin, l'avait invité à le rejoindre. Il baragouinait le français. C'était l'aumônier de la prison. Ils ont discuté. « Tout est toujours plus lent dans notre pays. C'est une bonne chose le plus souvent, la prudence étant la première des vertus cardinales, mais dans le cas de votre fille, c'est surtout une malchance. » Il lui a aussi dit que la société était en train de changer en Europe. « Nous devons bien être les seuls à encore enfermer des femmes et des hommes parce qu'ils n'arrivent pas à s'adapter à la vie prévue pour eux. Ce genre d'internement administratif ne répond plus à aucune justification pratique ou morale. C'est l'évidence. Vous devez contacter cette personne. Elle pourra vous aider. »

— Le nom et le numéro de téléphone d'un avocat.

— C'est cet homme qui te l'a donné ?

— Oui.

— Et il t'a parlé de Jana ?

— Il ne la connaît pas.

— Comment elle va ?

— Il ne sait pas. Il ne la connaît pas je te dis. Elle ne participe pas au culte. Et pas non plus aux goûters-causeries qu'il organise.

— Et…

— Toi, tu peux faire quelque chose. Appelle ce numéro !

Máša confectionnait un emballage complexe pour l'envoi sans dommage d'un chalet suisse musical aux États-Unis. On y appréciait ce genre d'objet : lorsqu'on ouvrait le toit, la mélodie *Edelweiss* se mettait en marche. Le boîtier servait aussi d'espace de rangement pour aligner sur trois étages une vingtaine de cigarettes.

Le directeur est entré dans l'atelier en compagnie d'un gendarme.

— Madame...

Máša s'est levée brusquement. Son sang est descendu d'un coup dans ses pieds et elle a vacillé. L'homme l'a retenue par le bras. Elle a hurlé :

— Jana !

— Non. Non.

Il a bredouillé en ayant l'air de vouloir manger ses mots au moment où ils sortaient de sa bouche :

— C'est votre mari...

Rocca était étendu sur un banc sous la grande affiche un peu trop colorée de la baie de Naples flanquée du Vésuve. Les deux derniers membres du *Circolo* – l'association en perdait un par mois depuis quelques années – se tenaient à côté de lui. « Il n'a pas souffert. Il s'est écroulé d'un coup. *Il cuore...* », a murmuré l'un d'eux juste avant que le passage d'un train en partance pour la plaine assombrisse soudainement la pièce en faisant trembler tout ce qui se trouvait à l'intérieur. Le corps de Rocca a bougé dans la semi-obscurité, avec des petits mouvements comme s'il se dégourdissait. « Oh Dino ! » et c'est à ce moment seulement qu'elle a commencé à pleurer. Les deux hommes se sont éclipsés à reculons en agitant leur casquette devant eux en guise de salutation et d'hommage. Il était si grand, avec de si grandes mains. Et là, il était encore plus grand mort, étalé de tout son long, un sourire flottant sur ses lèvres, un sourire ni triste ni joyeux comme si après avoir fait ce qu'il fallait il pouvait enfin se laisser glisser dans une retraite douillette, un peu surpris tout de même par la facilité de la chose. Les larmes coulaient sur les joues de Máša. « Mais qu'est-ce qu'il fait là ? Qu'est-ce que je fais là ? Pourquoi ? Mon Dieu, si on y pense, le nombre de hasards dans la vie. Rocca mon amour mort dans ce pays qui n'est pas le sien. Une âme ne trouve jamais la paix quand elle est libérée très loin de la terre qui lui a donné naissance. C'est ce que disaient les vieux de mon village. Et tu me laisses seule dans un pays qui n'est pas non plus le mien. Rocca, Rocca, mon amour, maintenant je suis deux fois étrangère. »

Après l'enterrement ils sont restés devant la tombe. Le marbrier avait eu le temps de graver le nom sur la pierre au-dessous d'Angelina. Ivo tenait Máša par la taille. Elle n'était pas très stable à cause de ses petits souliers à talons. Elle ne marchait jamais dans la montagne et elle ne s'était jamais résolue à adopter des chaussures commodes pour monter et descendre les rues pentues de Sainte-Croix. Son père et sa mère biologique réunis sous terre, Ivo était submergé par la tristesse et taraudé par le sentiment désagréable de la banalité des jours avec, à la fin, un prénom et un nom flanqués de dates. Il y avait celles de sa mère, Angelina, dont la seconde était aussi l'année de sa naissance. Angelina qu'il n'avait pas connue, Angelina qui avait grandi dans le même village que son père, presque une sœur pour lui. Elle l'avait rejoint en Suisse dans le but d'échapper à sa famille, aux plates campagnes lombardes pour se retrouver cernée par des montagnes dans un pays qui n'oublie jamais l'hiver ; Angelina au nom prédestiné, rappelée au Ciel prématurément en donnant la vie. Et il y avait les dates de Dino Roccasecca, 1919-1971. L'année qu'ils allaient désormais devoir terminer sans lui. Et il pleurait, affligé de ne pas l'avoir assez connu. Il se souvenait de sa tendresse quand il était enfant, tendresse qui s'était avec le temps métamorphosée en autre chose pour continuer à être de la tendresse. La réalité est faite de liens embrouillés, de tout un univers filandreux et entortillé qui nous échappe. Et dans nos vies, c'est toujours trop tôt ou trop tard.

Máša a planté ses grands yeux bleus dans ceux d'Ivo :

— Je n'ai plus que toi...

Ses genoux ont chancelé et il l'a retenue en la serrant encore plus contre lui

— ... toi aussi, tu vas partir.

— Mais non.

Le vent qui montait de la plaine donnait aux prés et aux arbres une teinte jaune. Toute la nature semblait avoir une ultime poussée de fièvre avant les premières chutes de neige. Máša a dit :

— Je n'ai plus que toi et ta sœur.

— Jana va revenir. Papa a fait ce qu'il fallait. Il m'a refilé une adresse. Celle d'un avocat.

Ils sont rentrés à pas lents, une marche intime et solennelle parce qu'ils n'étaient pas pressés de retrouver la maison vide.

Dans le salon, Máša s'est agenouillée devant le grand buffet. Elle a tiré le tiroir inférieur vers elle pour attraper une vieille boîte métallique de chocolats

Suchard dans laquelle elle rangeait ses économies. Elle lui a tendu une liasse de billets soigneusement attachés par un élastique de caoutchouc. Elle a ensuite extrait une deuxième boîte presque pareille cachée au fond. Elle y gardait précieusement tous les papiers concernant sa fille.

— Prends ça. Pour Jana.

Pendant tout l'entretien, maître André a passé son stylo entre ses doigts avec des mouvements savants et Ivo s'attendait à ce qu'il le fasse disparaître à la manière d'un illusionniste.

— C'est une chose qui vraiment surprend par son aspect singulier : le fossé entre ce qui est écrit, le contenu de toute cette paperasse et la réalité. Nous souffrons d'une maladie administrative dans notre pays. Nous souffrons d'une soumission au papier. C'est une déférence entière : ce qui est écrit l'est pour toujours, croyons-nous. Alors nous classons, des pièces justificatives de toutes sortes, des fiches avec des informations sommaires, des rapports, des récépissés, des notules, des bulletins périodiques et des documents divers. Que sais-je encore ?

Au troisième étage d'un vieil immeuble dans une rue étroite et sombre, la lumière du soleil ne pénétrait dans l'étude qu'une heure par jour. Toutes les parois étaient nues et le dossier de Jana semblait être tombé de nulle part sur la grande table vide.

— Ma pratique me le démontre assez : un immense bavardage pétrifié. À la fin, on croit entendre des commères qui font des gloses. On y met de l'ordre, on les classe avec l'impression que le classement donne du sens. Et tout ce qui ne se trouve pas dans les papiers n'existe pas.

Il a longuement posé les yeux sur la pile épaisse de documents. Tout y était, de la première à la dernière pièce : les rapports des assistantes sociales pendant le séjour de Jana chez les sœurs Clément, « inconduite notoire », « tendance à fuir la réalité », « ne tient pas compte des avertissements reçus et répétés », les conclusions des médecins, les décisions des autorités. Le stylo a disparu d'entre ses doigts avant de réapparaître dans son autre main.

— Surtout ne rien remuer de peur d'un dérèglement généralisé, de peur que le désordre dans les fichiers puisse entraîner le dérèglement des choses elles-mêmes. Nous vivons dans un État dont la seule raison d'être semble être de produire du papier. Et, je vous le prédis, ce pays finira un jour par ne plus exister que sur le papier...

Ivo a manifesté son impatience.

— Oui. Oui. Venons-en aux faits ! Votre affaire est très simple : la vie fabrique les lois. Mais elles n'en sont pas une pure émanation.

— C'est-à-dire ?

Maître André lui a expliqué.

— Des décisions prises par des autorités administratives sans garde-fous, sans véritable possibilité de recours la plupart du temps, franchement d'un point de vue judiciaire ce n'est pas sérieux. Emprisonner des adolescents sans procès parce qu'ils dérangent, trop libres de mœurs, de jeunes filles ou de jeunes garçons qui ne s'intègrent pas. Un maire, un préfet qui enferment des personnes pour ce genre de motifs... Notre Code civil doit être révisé. C'est urgent. Je ne vois pas comment... vous savez notre génie atavique de la lenteur. Peut-être des pressions extérieures ? Bon, pour une fois, notre canton est en avance. Vous auriez pu faire recours. Mais qui ose le faire, hein ? Qui n'a pas peur de représailles ? Alors voilà, la loi sur l'internement administratif d'éléments asociaux a été abrogée. Un vote du Grand Conseil en décembre. Ah, les mots ! Tout de même, c'est quelque chose. Des éléments... des éléments asociaux !

Il a fait une pause ; son stylo a virevolté entre ses doigts :

— Désormais, on peut priver de liberté une personne uniquement pour la protéger d'elle-même, pas parce qu'elle dérange, ne s'intègre pas... Votre sœur n'est pas un danger pour elle-même ?

— Non.

— Elle n'est pas un danger pour les autres ?

— Non

— Vous l'aimez beaucoup n'est-ce pas ?

— Oui.

— Est-elle extraordinaire ?

— Oui.

— Elle l'est. C'est ce que j'ai pu comprendre. Et c'est cela le problème...

— Comment ça ?

— Le problème est justement qu'elle est extraordinaire. Quand on est trop particulier, on devient un… « élément ».

— Elle va être libérée ? Elle va pouvoir sortir ?

— Oui. Oui. Voilà ce que nous allons faire. On peut encore enfermer quelqu'un pour raisons médicales. Les internés administratifs vont faire place à des malades. Cela ne va pas tout régler. Il pourra toujours y avoir confusion, n'est-ce pas, les alcooliques, les drogués, les prostituées, ceux qui n'arrivent pas à s'adapter aux normes… au nom d'une prophylaxie publique. Mais dans le cas de votre sœur Jada…

— Jana.

— Oui, Jana, excusez-moi, ce fatras obsolète de rapports de conseillers communaux, d'assistantes sociales à partir duquel le préfet prend une décision n'a plus aucune valeur juridique, puisque la loi n'est plus la même. Il va suffire de démontrer qu'elle n'est pas malade. Je vais diligenter une expertise psychiatrique indépendante.

— Elle va être libérée quand ?

— Elle n'a pas été placée dans le canton de Vaud. En Suisse allemande ! Mais, je vous l'assure, c'est une affaire de quelques semaines.

IX

Le train sort du premier tunnel et l'atmosphère change : les épicéas, les sycomores sur les crêtes allongées et parallèles se détachent soudain dans un ciel plus pâle, plus lumineux et plus profond. On a vraiment l'impression d'être aspiré vers le haut. Puis, quand le regard se porte sur l'épaisseur des forêts sombres, sur les roches dégarnies, on est aussitôt ramené sur terre. Ivo a cligné des yeux en posant le pied sur le quai de la gare. Il a pris une grande inspiration. L'air a cogné à l'intérieur. Peut-être ne s'habitue-t-on jamais à vivre au-dessus de mille mètres d'altitude ?

Il a traversé le quartier du Progrès en empruntant la rue du même nom. Les habitants des montagnes du Jura avaient été eux aussi gagnés par l'optimisme industriel après la guerre. Mais en ce début des années septante, les fabriques licenciaient et le nombre d'habitants à Sainte-Croix descendait à ce qu'il était au milieu du dix-neuvième siècle. Les Italiens, les Espagnols, rentraient au pays.

Ivo a seulement croisé un jeune couple avec une poussette et un chien-loup efflanqué dans leurs jambes: tous les trois avaient le poil hérissé comme s'ils sortaient d'un lave-linge qui ne les aurait pas lavés. Ils lui ont à peine jeté un œil. Tête baissée et le regard fuyant, la nouvelle génération intégrait l'existence d'un poids invisible les écrasant. Il a longé l'interminable façade borgne de la fabrique, emprunté la rue Neuve jusqu'au centre. C'était l'atmosphère des grandes vacances. Il y avait trop de vides et beaucoup de silence. La réalité ressemblait à un mensonge, un peu comme si tout avait été disposé à sa juste place dans le seul but de faire illusion. De l'autre côté de la route, le rideau de fer de l'épicerie Simon dans laquelle Máša avait un jour fait scandale était tiré pour les semaines creuses de juillet. Il s'est engagé dans la rue du Tyrol, elle aussi déserte.

Devant la maison, la silhouette filiforme de Máša papillotait dans la lumière intense. Elle avançait de quelques pas, se baissait, puis se relevait à nouveau. Elle avait un bandeau sur le front pour ne pas être gênée. Depuis la mort de Rocca, elle s'était imaginé avoir un vrai jardin. Elle avait créé des platebandes avec une logique qui ne sautait pas aux yeux.

Les prunelles de Máša ont gagné en intensité dans son visage au moment où elle l'a vu. Elle s'est approchée de lui d'une manière un peu cérémonieuse en prenant tout son temps pour ôter ses gants de jardinage, puis pour les lancer théâtralement loin d'elle. Ses traits s'étaient adoucis depuis la mort de Rocca. Cela a rendu Ivo joyeux. Elle l'a serré dans ses bras sans y mettre aucune ardeur excessive : un léger tremblement, une succession d'infimes secousses ont cependant traversé sa chair pendant l'étreinte. Elle s'est reculée :

— Je plante des fleurs, regarde !

— C'est bien !

— On aura un vrai jardin.

— Et Jana ?

— …

— C'est bon. Ne pleure pas !

Elle a toisé le sommet des grands sapins qui dominaient la maison. Cela l'a aidée à se retenir.

— Où est-elle ? a demandé Ivo.

— Confinée dans le cabanon.

— Mais… ?

— Elle n'en sort pas. Je lui apporte à boire.

— Mais qu'est-ce qu'elle y fait toute la journée ?

— Elle lit.

— Elle ne va pas dans la montagne ?

— Va la voir !

Il appréhendait cet instant.

— Vas-y, je te dis !

Máša l'a poussé du coude et Ivo a senti ses yeux pleins de reconnaissance plantés dans son dos au moment de tourner l'angle de la maison.

La minuscule fenêtre éclairait la nuque de Jana. Elle avait les cheveux courts. Elle était plongée dans sa lecture et la chaîne de ses vertèbres ressortait sous la peau luisante de transpiration. Tout le fatras qui encombrait l'intérieur avait disparu. Il ne restait plus qu'une petite table, une chaise, un lit de camp avec un sac de couchage, une pile de gros livres dans un coin sur un seau mis à l'envers. Il a reconnu ceux qu'il lui avait envoyés pendant les deux années où elle était en Suisse allemande.

— Jana !

Elle a eu un mouvement de recul au moment où il a glissé un pied à l'intérieur par la porte entrebâillée. Ivo avait échafaudé des scénarios de leurs retrouvailles, mais pas celui de la revoir dans l'exiguïté de leur maisonnette de jardin à l'atmosphère crayeuse. Il est resté planté les bras ballants sans savoir s'il allait trouver les ressources nécessaires pour affronter la situation.

— Ivo !

Leurs prénoms résonnaient curieusement dans ce minuscule espace, comme s'ils se hélaient de très loin. Les traits sur le visage de Jana ont dessiné une expression inconnue avec quelque chose d'instable. Ivo a avancé la main pour lui caresser la joue. Elle s'est aussitôt écartée. Il a entrevu dans ses pupilles une lumière inhabituelle.

— Tu lis quoi ? a-t-il demandé.

— *Le Comte de Monte-Cristo.*

— Et là sur le seau, ce sont…

— Oui.

— Mais tu les relis ?

— Non. Non. Je ne les ai pas reçus.

— Comment ça ?

— Il y avait les livres de la bibliothèque de la prison, quelques livres sélectionnés sans intérêt. C'est tout. Les seuls autorisés. Ils m'ont donné les tiens le jour de ma libération.

— Mais…

— Tous les paquets. Ils les avaient gardés. Intacts. Je n'ai rien su. J'ai tout récupéré à ma sortie.

— Et...

— Et je les lis maintenant. C'est comme mettre quelque chose sur le temps perdu.

— Jana...

— Tu es devenu savant?

— Pas trop...

— Des études... Monsieur!

— Arrête!

Il a voulu lui prendre la main, mais elle s'est dérobée.

— Viens!

— Où?

— Dans la forêt. Le chemin derrière la maison. Viens avec moi!

— Non.

Après avoir arrêté Jana à la Cruchaude, les gendarmes l'avaient déposée dans une clinique psychiatrique. Elle s'était retrouvée dans une vaste salle blanche presque vide avec une grande baignoire au centre. Un médecin et deux infirmiers l'entouraient.

Leurs visages sous la lumière blafarde du néon... ils sont prêts pour une cérémonie funèbre. Non. Non. Ce sont eux qui sont morts. Leurs chairs défaites sans relief, leurs lèvres pincées. Ils sont comme apprêtés dans un cercueil. Elle le sait: «Je n'ai rien à faire ici. Ce n'est pas ma place.» La vérité, c'est qu'elle manque aux pâturages, elle manque aux grandes gentianes jaunes, elle manque aux arbres des forêts. Elle doit s'en foutre de tout maintenant, à l'évidence. Être très loin. Surtout ne pas donner la réplique. Avoir la force d'être passive. Ne pas entrer dans leur jeu. Ça, ce n'est pas difficile pour elle… mais il ne faut pas qu'ils s'approchent. Ne pas se déshabiller devant eux. Ne pas se laisser ausculter avant le bain. Rester le dos au mur. Prendre appui pour les repousser des deux jambes. Donner des coups. Bouger, bouger encore.

Plaquée à terre, le médecin lui avait administré un puissant sédatif: «Je me fous de mourir ici et maintenant», avait-elle eu le temps de penser.

Elle s'était réveillée le lendemain dans une pièce minuscule avec des barreaux aux fenêtres.

Ils font tout pour que les prisonnières se sentent faites de morceaux qui ne vont plus ensemble. Rien n'est harmonieux. Dans une cellule de huit mètres carrés, rien n'est là pour faire plaisir. Un lit, un lavabo avec de l'eau froide, une chaise, une petite table sans affaires personnelles. Une porte, mais pas de poignée intérieure. Lever à six heures vingt, tous les jours. À sept heures, habillée pour l'inspection par une matonne. Avec l'impression de recevoir une gifle quand elle t'adresse la parole. Ce qu'elle dit est incompréhensible. Toutes les gardiennes sont hautaines. Elles parlent le suisse allemand. Elles aiment faire sentir aux détenues qu'elles ne sont rien. Quelle blague! Elles sont juste toujours en pleine forme à force d'être bien nourries et bien reposées. À sept heures quarante-cinq, début du travail dans une buanderie industrielle. De grandes plaques métalliques articulées qui se rabattent clac, clac, clac du matin au soir. Une machine à plier les chemises : qui a déjà vu ça ? C'est loufoque. Il fait très chaud à l'intérieur de la salle. Tout est humide. L'eau imprègne tout. Les outils glissent des mains. Personne n'a envie de se trémousser. Elle économise ses mouvements. Et elle répète les gestes devant des mécaniques. Elle pense : « je suis un rouage » ; « ce n'est pas grave, je suis seulement un rouage dans cette mécanique » ; « une pièce dans un engrenage incompréhensible de mille pièces ». Et alors ça va... Elle est toute à son travail. Ne pas divaguer. Toujours se vider la tête. Ne plus exister. Avec rien qui encombre. Ainsi, la vie n'est ni agréable, ni désagréable, ni paisible, ni tourmentée, ni réjouissante, ni atterrante, ni bonne, ni mauvaise en soi. Ne pas faire ci. Ne pas faire pas ça. Faire ci. Faire ça. Qu'importe. De toute façon, elle n'a rien d'autre à faire. Elle flotte et oscille. Et à la fin, elle ne comprend plus vraiment qui elle est. Et si cela sert même à quelque chose de s'occuper à quelque chose.

Il y a les blouses bleues et les blouses brunes. Les blouses bleues, ce sont celles qui ont volé ou tué. Les blouses brunes, ce sont celles qui n'ont rien fait de grave. Il y a les droguées. Elles savent pourquoi elles sont là. Elles ne fonctionnent pas bien. On ferme la porte sur elles. Elles restent dans leurs chambres toute la journée. Parfois elles y mettent le feu. Et il y a celles qui ne comprennent pas pourquoi elles sont enfermées. Et pour combien de temps ? Une décision de leur commune « à des fins d'éducation ». Tu parles ! Personne ne veut faire carrière dans une buanderie industrielle. Pour celles qui refusent de travailler, c'est l'isolement dans une cellule avec seulement un lit. Elle transpire du matin au soir pour un petit pécule. Tout juste de quoi acheter des cigarettes ou des tampons hygiéniques. Il y a celles qui y renoncent pour avoir plus de cigarettes. C'est tendu toute la journée. Souvent, les filles se battent à coups de ciseaux. Une est vraiment terrible. Une blouse bleue. Elle a étranglé son mari avec une ficelle de boucher. Celles utilisées pour attacher les paupiettes ou pour emmailloter les rôtis. Elle aime raconter. Elle le fait tout le temps. Écarlate, luisante de sueur, bouffie avec des cheveux rares dans un chignon trempé, elle roule des yeux : « c'est facile. Je le referais sans problème. Les genoux sur les bras de mon homme. Je serrais, je relâchais, je serrais, je relâchais. Il haletait. Il me suppliait plus. Il avait juste l'air ahuri. Le regard éberlué. Essoufflé avec un air vraiment stupide. Exactement la grimace quand, placé sur moi, il me forçait. Mais cette fois, il était en dessous et moi en dessus. Il bavait. Il était pas beau, pas beau du tout lorsqu'il est mort. » Elle mime la scène et elle savoure de la revivre.

Partout la saleté dans les coins, mais aussi les mouches et leur ardeur. Elle essaie de s'imaginer en mouche. Elle travaille à devenir cette petite bête velue. À force de l'observer, elle vibrionne comme elle contre la vitre crasseuse. Ah ! Se poser avec délectation sur la croûte du pain. Se frotter les pattes chaque fois qu'elles sont souillées. S'évader par un minuscule interstice, discrètement. Impossible d'échapper à la mocheté du réfectoire, aux tables lustrées en formica, aux bruits des couverts, au brouhaha. Mais il y a la lumière. Brune autour des blouses brunes. Bleue et moins épaisse autour des blouses bleues. Et tout se mélange au jaune qui traverse les fenêtres. Elle noue une relation sympathique avec la lumière parce qu'elle est rare. La prison possède un jardin. Il est en dehors de l'enceinte. Il n'est pas voué aux promenades. Une grande serre en occupe une partie. On y cultive des légumes, mais surtout des fleurs. Toutes les détenues espèrent y passer la journée. Avec des vitres sur les côtés et un toit en verre, c'est presque la liberté avec le ciel immense au-dessus de la tête. Elle rêve d'y respirer l'odeur de la terre remuée, d'entendre l'eau ruisseler pendant les arrosages, de la voir stagner, faire des bulles puis disparaître aspirée par le sol. Elle envie les insectes qui pénètrent à l'intérieur des fleurs ou dansent en rond sur les corolles, se gavent de sucre puis s'envolent, entrent et sortent de la serre à leur bon vouloir. Mais le travail horticole est réservé aux blouses bleues. Uniquement les voleuses et les criminelles, avec des surveillantes détendues parce qu'elles non plus n'aiment pas être enfermées.

Les secrets sont impossibles. Elle n'a pas d'amies. C'est chacun pour soi. Alors, à force d'être seule, elle essaie de devenir sa meilleure alliée. Ne pas perdre le fil, jamais, jamais. Le soir dans la cellule, elle renoue avec elle-même. Elle se souvient. Elle pense au dehors. Elle rêve aux bosses et aux creux du relief de combe, aux jours d'hiver quand la neige est bleue, ou jaune, ou verte. Elle retrouve l'odeur de l'herbe cuisant en été sous le soleil. Elle voudrait être là étendue sous ses rayons et se dire que les pierres aussi peuvent mourir de chaud. Avoir une discipline, mais une discipline invisible. Voilà ce qui sauve. Parce que la mémoire, c'est cent pour cent d'imagination. Se laisser aller lorsqu'enfin elle est seule. Recoller les morceaux avec des caresses intimes, rassembler toute sa matière. Ne plus rien éprouver hormis son corps. Se transformer en une masse qui fond, le dehors et le dedans s'annulant. Elle respire la promesse d'une existence différente. Et ensuite, calme et tranquille, elle se répète : le malheur n'est pas contagieux.

Et avec la nuit, le sommeil répare le cerveau.

Ivo s'est installé dans sa chambre d'enfant ; elle avait retrouvé sa fonction de débarras. Avec Máša, ils ont sorti tous les paquets de formes et de tailles diverses qui l'encombraient, vidé l'armoire pour qu'il puisse y ranger ses habits. L'odeur à l'intérieur avait changé. Dans les angles des placards, de petits sacs boudinés de tissus enrubannés remplis de graines de lavande embaumaient. Il était toujours aussi admiratif de sa technique de ficelage pour rendre compacts les objets les plus biscornus. Ils ont tout empilé dans un coin du salon. Ivo a demandé à Máša ce que contenaient tous ces paquets.

— Tu sais bien, des affaires.

— Quelles affaires ?

— Des affaires à ton père.

Elle était désormais sans rancune à l'égard de Rocca qui, à la fin de son existence, s'était retrouvé dans la peau d'un proscrit. Elle s'était abandonnée à une forme particulière de deuil depuis que Rocca avait emporté avec lui son monde de roues dentées, d'arbres d'entraînement, de courroies et de poulies. Ivo était frappé par sa sérénité. Elle se déplaçait avec une lenteur simple, avec le relâchement de celle qui a renoncé à comprendre le fondement des choses. Elle s'insérait avec une étonnante douceur dans son quotidien de veuve.

À première vue, rien n'avait changé dans les pièces de la maison, toujours aussi peu éclairées sous l'ombre projetée des immenses sapins la surplombant. Leur destin aurait-il été différent si des bûcherons les avaient abattus de manière à donner un franc soleil sur leur toit et les inonder de lumière ? Mais à y regarder de plus près, rien n'était comme avant : les objets et les petits meubles sur lesquels, distraits, ils butaient souvent avaient disparu. Ils étaient également empaquetés. Ivo a contemplé la pyramide qui touchait le plafond.

— Qu'est-ce qu'on va faire de tout ça ?

— La vie est toujours faite de trop. Je ne veux pas qu'elle devienne un amoncellement, a-t-elle répondu.

— D'accord, mais…

— Il faut libérer de la place.

— On va s'arranger. Je vais voir si Antoine peut nous aider avec sa camionnette.

— Antoine ? Daniel Antoine, le garçon qui s'est fait élargir les narines par Jana ?

— Oui. Et je vais lui demander si on peut entreposer le tout dans la réserve de sa quincaillerie. Le temps de décider ce qu'on va faire de tout ça.

Máša lui a montré deux petits paquets polyédriques aux faces lisses et parfaites :

— Ce sont les bobines de pellicule tournées par Jana. Il y a aussi sa caméra. La police nous a tout rendu quelques semaines après son arrestation à la Cruchaude.

Ivo a défait le premier. Il contenait une quinzaine de films dans leurs boîtes. Puis, il a sorti la Macrozoom du second. Il a caressé l'aluminium, le faux cuir, ouvert et fermé la protection d'objectif. Il l'a portée à ses narines pour respirer la bonne odeur de la mécanique. Une bobine de pellicule était encore à l'intérieur : les dernières images tournées par Jana avant son internement. Il l'a mise avec les autres pour tout envoyer au laboratoire de développement.

Antoine faisait plaisir à voir dans sa blouse de travail bleue immaculée ; elle devait servir à préserver ses habits de ville des éclaboussures d'huiles et des salissures, mais tout était si bien rangé et propre dans son magasin qu'elle semblait plutôt vouloir manifester son appartenance à la corporation des vendeurs d'articles utiles au ménage. Il était heureux d'avoir trouvé un univers parfait de vis, de joints, de robinets, de câbles électriques triés dans des présentoirs et d'appareils électroménagers soigneusement alignés sur des rayons. L'écolier dissipé qu'Ivo avait connu était devenu un quincaillier compassé et comblé dans la boutique de son père.

— Pas de problème ! Tu peux mettre ton barda dans l'entrepôt. Je vais t'aider à tout déménager, a dit Antoine.

Ils sont montés dans sa camionnette pour aller à l'autre bout de la ville, ce qui a pris moins de dix minutes. Ils ont croisé une grosse voiture qui roulait à vive allure.

— Tu as vu ?

— Non. Quoi ?

— Encore des plaques françaises.

— Un frontalier.

— Ça m'étonnerait.

Antoine était à jamais persuadé de l'imminence d'une révolution communiste en France voisine. Pendant les événements de mai 1968, des berlines cossues venaient tout droit de Paris, traversaient facilement la frontière sans être contrôlées. Elles fonçaient jusqu'aux banques de Lausanne ou de Genève avec leurs chargements de lingots et de billets pour les soustraire de toute urgence à un éventuel futur gouvernement aux visées collectivistes.

— Et ça continue ! Mais toi, si tu essaies de passer deux bouteilles d'absinthe en douce, ils ne te loupent pas.

Il a esquissé un sourire narquois :

— Dans ce qu'on va chercher, il y a aussi des affaires à ta sœur ? a demandé Antoine en lui jetant un œil par en dessous.

— Ça ne te regarde pas.

Il a pincé les lèvres, concentré, avec la tête de celui qui effectue mentalement un calcul compliqué :

— Tu sais, je l'aime bien ta sœur.

— Et ça veut dire quoi ?

— Je l'aime bien, comme ça, c'est tout. Je trouve moche ce qui lui est arrivé. Je suis content qu'elle soit de retour.

Ivo a pensé à Jana toujours confinée dans le cabanon. Submergé par une vague de tristesse, il a compris que tout le monde allait avoir avec le temps les mêmes dispositions qu'Antoine : une attitude de réserve mesurée et sans excès pour donner rétrospectivement, au nom d'une philosophie supérieure, une apparence nouvelle aux malheurs de Jana.

— Tu as un projecteur ? a-t-il demandé.

— Pour le super-huit ?

— Oui.

— Je dois en avoir un qui traîne chez moi.

— Tu me le prêtes ?

— On fait un crochet chez moi sur le chemin du retour pour le prendre.

Lydie se levait avec la vigueur d'un ressort en acier juste après avoir ouvert les yeux. Ses phases de sommeil et ses phases d'éveil étaient sans mélange et elle passait de l'une à l'autre en quelques secondes. Ivo l'a regardée traverser le salon dans son pyjama trop grand et il a eu pendant deux secondes le sentiment de découvrir un être égaré dans son espace familier. Elle s'est tournée vers lui en clignant des paupières comme si, éblouie par un reflet, elle le voyait sur une vitre. Il s'est approché d'elle. Il l'a embrassée en tenant ses hanches étroites. Elle sentait le lit. Il a été troublé par son odeur : une réalité charnelle émouvante en adéquation avec les éléments essentiels de sa personne. Pour Ivo, elle était un exemple probant de la mécanique du vivant qui supplante tout ce qui peut être façonné par les hommes.

— Ça sent bon le café ! a-t-elle dit.

— Je t'ai fait des tartines.

Ivo lui a proposé de ne pas traîner dans la cuisine, de prendre un pull et de sortir devant la maison. Ils se sont assis sur le banc, le dos contre le mur dont l'épaisseur avait un jour persuadé Rocca que sa famille serait à l'abri dans une forteresse. Ils ont regardé les chemins sinueux ne menant nulle part traversant d'un bout à l'autre les nouvelles platebandes créées par Máša. Les feuilles étaient flétries et les tiges piquaient du nez. Ses essais de plantations ne donnaient pas vraiment le résultat désiré : la terre remplie de pierres à toutes profondeurs enlevait l'envie de pousser aux végétaux même les moins exigeants. Mais on ne pouvait qu'être ému par des efforts pionniers sur un bout de terrain inculte depuis la nuit des temps. Ce matin-là, une brume presque rose flottait au ras du sol.

— Elle n'arrivera pas à en faire fleurir une seule avant la mauvaise saison.

— On est à mille deux cents mètres, a dit Lydie.

— Le soleil n'est jamais assez haut par ici. Il reste sur la plaine au lieu d'être au-dessus de nos têtes.

Rien n'avait de relief autour d'eux et le cabanon semblait avoir perdu ses trois dimensions. Jana y passait ses nuits sur le lit de camp, hormis de courtes incursions dans la maison pour ses besoins naturels quand tout le monde dormait. Pour Ivo, c'était une souffrance plus superficielle que celle de son absence pendant si longtemps, mais une souffrance tout de même. Il a extrait de sa poche un mouvement Colibri. Il a tourné la manivelle pour tendre le ressort avant de le lancer à deux mètres du cabanon.

— C'est mignon. C'est quoi ?

Where Do I Begin a résonné jusqu'à l'espacement des notes finales.

— Un petit mouvement à musique. On les place dans toutes sortes d'objets, dans des blagues à tabac, dans des jouets…

Ivo a regardé en direction de la maisonnette, mais la porte ne s'est pas ouverte. Lydie a enserré ses jambes dans ses bras et appuyé son menton sur ses genoux. Elle s'est pelotonnée. Elle a fixé Ivo avec une expression inhabituelle ; ses yeux aux pupilles noyées dans l'obscur des iris n'ont presque plus reflété la lumière.

— Tu as froid ? a-t-il demandé.

Lydie était la personne la moins sensible aux aléas atmosphériques qu'il connaissait, mais après un long moment, elle a dit :

— On rentre ?

— Oui. On y va.

Ivo a sorti le projecteur d'Antoine de sa caisse en aluminium. Il dégageait une odeur de neuf. Peut-être n'avait-il jamais servi ? Il l'a installé sur le guéridon. Il a dressé les deux bras et y a fixé les bobines. Lydie a rabattu les volets du salon ; ils ont déplacé le canapé juste en face d'un grand drap blanc cloué à une poutre. La pellicule a été aspirée dans la petite ouverture, puis conduite à la bonne position en formant une boucle. Confortablement installés, ils l'ont regardée continuer son chemin sinueux jusqu'à l'arrière, happée par la grosse bobine réceptrice. Les lignes rouges de l'amorce sont apparues sur l'écran.

Chaque film sans titre et sans numéro, d'une durée de trois minutes et demie, était un plan unique muet avec des mouvements de caméra un peu ondulants pour s'éloigner, se rapprocher ou élargir le champ.

Le ronronnement du moteur et le cliquetis des rouages du projecteur rendaient le silence des images étrangement profond :

la ferme de la Cruchaude reculée dans sa solitude, avec son toit perdu dans la tempête comme le dos d'une énorme bête assoupie, la fine fumée de la cheminée se délitant au-dessus, petit à petit fragmentée en couches moins sombres dans le ciel mouillé ;

le brouillard épais, celui qui ne laisse presque pas passer la lumière et transforme tout en glaçon, qui suspend les piquets des barrières dans le vide, alourdit les fils barbelés d'ornements baroques d'eau gelée, de points, de virgules, de points-virgules transparents comme sur une ligne d'écriture. Les cristaux suintent et la caméra fait une mise au point à dix centimètres d'une goutte qui s'étire lentement avant de tomber ;

les premières avancées du printemps, le sol gris et terne trempé, l'eau qui glisse sur les herbes brunes aplaties, s'insinue sous les plaques de neige ramollies et les soulève, puis un mouvement, quelques secondes de flou et l'ombre dense d'un sous-bois, les corolles jaunes des pas-d'âne, un lichen à barbes accroché à une branche nue, algue dégoulinante ou champignon bizarre balancé par le vent ;

la cuisine de la Cruchaude emplie de fumée, une masse indolente ondule, accompagne les oscillations de la caméra ; elle aveugle de lumière rousse le contour des bols de café sur la table, le reflet indécis de Jana sur la minuscule vitre opaque de la ferme, Ivo essayant de se donner une contenance face à l'objectif, l'air insaisissable.

Ils sont demeurés immobiles dans le noir.

— J'aime son regard, a dit Lydie.

Ivo a poussé un genre de soupir.

— Tu pleures? a demandé Lydie.

— Mais non!

— Mais si…

— Il reste une bobine.

Une porte s'ouvre sur une grande pièce: un bureau imposant derrière lequel un homme est assis. C'est monsieur Jacques, le même qui avait offert la caméra à Jana. Il redresse la tête de ses papiers, se lève précipitamment de sa chaise. L'objectif se plante sur son visage. Il tressaute, puis disparaît d'un coup. Une surface uniforme, brunâtre et grise, occupe tout l'écran. Le zoom enfin le retrouve, beaucoup plus près. Ses traits osseux sont brouillés: un trou sombre dans un nez orangé énorme; sa barbe en collier autour d'un coin de lèvre et une commissure humide. Puis un rictus et le poing de Jana qui frappe la mâchoire. Tombé à terre, il se contorsionne; bizarrement ratatiné au pied de son bureau, il regarde ahuri en direction de la caméra.

La pellicule en fin de course a claqué dans l'air; Ivo a tendu la main pour éteindre le projecteur.

— Qui c'est? a demandé Lydie.

— Le chef d'atelier de la fabrique où travaillait papa.

— Et…

— Il était très influent à la municipalité. Il jouait les pères la pudeur. C'est lui qui a lancé la mécanique administrative…

Ivo s'est tu. Elle lui a pris le bras en rapprochant son visage du sien. Il a senti la chaleur de son haleine sur sa joue. Il a eu envie de s'en remplir les poumons; il a tourné la tête pour un baiser. Le corps de Lydie, son abandon si intime, l'ont ému jusqu'à la moelle. Puis, elle lui a glissé à l'oreille:

— Et...

— Et quoi?

— Ce n'est pas tout. Il l'a croisée un jour d'hiver dans la forêt. Il l'a attrapée. Il l'a pelotée. Il a voulu... Mais Jana ne s'est pas laissé faire. Elle s'est défendue. Elle l'a proprement étalé dans la neige. Le surlendemain, il lui a offert la caméra et la pellicule.

— Pour qu'elle ne dise rien...

— Oui. Mais Jana n'a pas arrêté de crier à tout va «Jacques, sale cochon».

— On devrait faire quelque chose.

— C'est comme ça. Un système. Ils ne peuvent pas tous payer, les membres du Conseil communal, le préfet, les autres. Et maintenant tout ça, c'est derrière.

— Mais pour lui...

Lydie a souri sans joie avant de conclure:

— ... j'ai ma petite idée.

Elle s'est présentée au téléphone comme une jeune universitaire spécialiste de l'amélioration des pâturages. Elle a longuement parlé arasement des taupinières, épierrages, fumures judicieuses des pelouses, phytosociologie et réalisations sylvo-pastorales avec monsieur Jacques, en charge des domaines et forêts à la municipalité. Lydie a insisté sur la nécessité d'une collaboration entre pouvoirs publics et privés, fait miroiter des contributions financières, cantonales et fédérales. Jacques a accepté de la rencontrer pour en discuter de vive voix.

— Vous pouvez venir à mon domicile.

— Non, sûrement pas.

— À l'Hôtel de Ville, alors…

— Non. Non. C'est plus simple d'être sur place pour que je vous précise les choses. On se donne rendez-vous en dessous du Chasseron.

— Je passe vous prendre ?

— Non. On se retrouve là-bas. En dessous de la Pierre de la paix.

Ivo, Lydie et Jana sont montés tôt dans la matinée aux Replans, à l'endroit où se trouve l'emposieu. Ivo regardait sa sœur balancer dans le fond mousses, feuilles mortes, petit bois, tout ce qu'ils avaient déniché de léger et de souple.

Elle était sortie du cabanon une fin d'après-midi, les yeux perdus dans le vague. Un amoncellement de nuages compacts sur le Mont-des-Cerfs masquait le soleil ; un merle avait bruyamment battu des ailes pour changer d'abri en rase-mottes et rejoindre un congénère. Elle s'était avancée vers Ivo occupé à lire sur le banc devant la maison. Il s'était levé. Elle avait pris l'initiative en l'enveloppant dans ses bras. Son corps s'était délié contre le sien et sans résistance, Ivo était tombé mollement dans un gouffre très profond. Après quelques secondes d'abandon, après avoir touché la partie la plus basse, il était remonté pour se retrouver identique à ce qu'il était avec elle depuis toujours.

Ils se sont efforcés de rendre les bords du trou très glissants. Ils devaient être en pente douce.

— Vas-y verse !

Ivo maniait le bidon d'eau.

— Voilà. Encore un peu.

— Comme ça, c'est bien.

Les percées entre les arbres projetaient des taches claires et mouvantes sur le sol. Lydie et Jana les ont observées. Elles avaient en commun de pouvoir s'appliquer à trouver ce que personne ne remarque pour en faire un centre d'intérêt absolu. Elles levaient la tête pour scruter les hautes frondaisons, puis fixaient les lueurs comme si elles cherchaient à déceler une cohérence dans leurs déplacements. Avec ses yeux profonds, encore plus verts qu'à l'accoutumée, Jana suivait les formes lumineuses dansantes, entièrement absorbée par son imagination. Ivo les regardait et il se disait que l'apprentissage de l'amour n'était pas une affaire si compliquée.

— Impossible de se rattraper. Il met le pied un peu à l'intérieur, il dérape et il tombe.

Pour finir, ils ont rendu l'emposieu invisible en plaçant de longues et fines branches en claie recouvertes d'humus, de ramures et d'aiguilles de sapin au-dessus du trou.

C'était un de ces jours d'été laiteux où le soleil très loin, très pâle, semble se dissoudre. Persillé de minuscules particules jaunes de pollen transportées par la brise, l'air épaississait les pâturages et les arbres ; on les aurait dits sortis d'un moule avec maladresse. Ivo a regardé Jana dont la peau frissonnait dans l'ombre tiède. Elle lui a souri, puis caressé l'avant-bras ; un filet de chaleur moite a flué dans toutes ses veines. Ils attendaient couchés dans les hautes herbes débordantes d'insectes butineurs. C'était comme une pulsation régulière et rassurante autour d'eux.

Ils ont entendu, puis aperçu la voiture sur le bout de chemin tout droit avant le dernier virage ; sans hâte, ils se sont dissimulés derrière le tronc d'un gros épicéa.

— Ça va marcher.

— Oui.

— Lydie sourit tout le temps, a remarqué Jana.

— C'est la forme de sa bouche.

— Elle est sensass.

— Oui.

Jacques portait un chapeau à plume et avait mis de longues bottes : sa tenue, sa barbe en collier un peu pointue sur le menton, le faisaient ressembler à un chasseur fluet de comédie. Il s'est approché de Lydie pour la saluer. Elle a reculé d'un pas avant de lui serrer la main. Ils se sont rapidement mis d'accord et ils sont descendus en direction de la forêt. Ivo et Jana les ont suivis à bonne distance. Lydie marchait trois mètres devant ; Jacques semblait lui courir après et ils l'entendaient ahaner assez péniblement. Et elle s'évertuait à tracer des diagonales absurdes dans les pâturages en lui parlant très vite et très haut de plantation d'herbes nouvelles et d'affouragement hivernal. Elle cambait les murs de pierres sèches d'un seul mouvement élastique sans l'attendre ; il avait de la difficulté à les escalader, il se cognait les genoux, il se retrouvait assis à califourchon sur la couronne avant de ramener avec de grands efforts ses jambes maigres et passer de l'autre côté. Lydie franchissait le maximum de clôtures barbelées possible, quitte à revenir en arrière et à user de détours. Elle appuyait avec un bâton sur le fil inférieur pour les traverser comme une fleur. Jacques essayait de faire de même, mais il restait coincé au milieu, se piquait, tombait, puis rampait face contre terre au risque de se labourer le dos. L'épuiser faisait partie du plan. Après les avoir suivis de loin, Ivo et Jana ont effectué un crochet par la lisière du bois pour arriver avant eux au piège tendu. Ils ont grimpé sur les branches d'un sapin blanc, à bonne hauteur afin d'avoir une vue plongeante.

Lydie a contourné l'emposieu. Jacques a voulu la rejoindre par le chemin le plus court. Il a disparu d'un coup en hurlant à s'en déchirer le larynx. Un long silence a envahi la forêt avant que les oiseaux ne recommencent à donner prudemment de la voix.

— Il s'est cassé quelque chose ? s'est inquiété Ivo.

— Mais non, la peur. Seulement la peur.

— Au secours ! Aidez-moi ! a crié Jacques. Mademoiselle ? Vous êtes là ? Avec qui parlez-vous ?

Jana est descendue de l'épicéa, de branche en branche, avec la rapidité d'un écureuil houspillé par des pies. Elle s'est plantée au bord de l'emposieu jambes écartées et bras croisés. Elle a toisé Jacques, soudain silencieux. Elle n'a pas prononcé un mot. Elle s'est reculée lentement, puis elle a rejoint Lydie et Ivo au pied de l'arbre.

— Il n'y a rien à dire.

Les traits de son visage avaient perdu ce qu'ils pouvaient avoir de vague. Ivo a pensé qu'elle était peut-être assez forte pour guérir de blessures invisibles, que rien ne pouvait devenir une saleté incrustée sur elle. On peut toujours décider de ne pas revenir en arrière.

Une lueur a brillé dans les yeux de Jana :

— On est tout près de la fourmilière géante, a-t-elle lancé ensuite.

— Des fourmis rousses ? a demandé Lydie.

— Oui. On va la voir ?

Ivo a souri. Pendant les années sans sa sœur, il avait une liste dans la tête de tout ce qu'il désirait faire à nouveau avec elle : s'étendre sur les tertres moelleux et se laisser envahir par les insectes en faisait partie. Ils ont longé un pâturage à flanc de coteau en suivant les chemins façonnés par les allers et retours des vaches. Les sonnailles d'un troupeau en contrebas tintaient dans l'air. Ils ont traversé une clairière tapissée de myrtilliers. Le monticule adossé au tronc d'un épicéa avait encore grandi pour arriver jusqu'à la première ramure. Jana a dit :

— On tombe en arrière et on s'étale.

— Mais..., a protesté Lydie.

— Ivo, donne-moi ta main ! Lydie, donne-moi ta main ! On bascule doucement. Tous en même temps. À trois. Un, deux, trois...

Ivo a regardé le sommet pointu des sapins plantés dans le ciel ; il a senti les insectes de toute la colonie s'animer après un moment de stupeur, puis s'activer en alarme en tous les sens ; il a entendu autour de sa tête le cliquetis des aiguilles et des brindilles, semblable à un début d'incendie, puis l'invasion de pattes sous sa chemise et à l'intérieur de ses oreilles. Personne n'a remué. La respiration de Jana et celle de Lydie sont devenues progressivement synchrones et, placé entre les deux filles, il s'est efforcé d'être lui aussi en parfaite cadence. Il souriait, une dilatation de souvenirs se répandant par irradiation dans tout son corps : courir ensemble comme des dératés en bas d'une pente au risque de bouler cul par-dessus tête, chaque enjambée de plus en plus grande ; sauter depuis l'étage supérieur d'une grange dans le foin si frais qu'on le dirait vivant, s'y enfoncer ensuite lentement, ne plus bouger et écouter tout autour les petits bruits secs comme si tous les fétus avaient décidé de se fendiller les uns après les autres ; rester allongés côte à côte dans l'herbe des pâturages jusqu'à oublier leurs existences physiques et peu à peu être arbres ou nuages ; guetter la tombée de la nuit, humer les effluves de la terre, imaginer dans ces émanations volatiles les traces olfactives de la mer primitive peu profonde qui recouvrait cet endroit avant le plissement des montagnes ; attendre immobiles la disparition de toutes les rumeurs diurnes et remonter à la surface quand la nature tranquille se repose enfin dans l'obscurité.

Ivo a songé à son père ; pour expliquer l'éloignement qui se crée parfois entre les êtres qui s'aiment,

Rocca avait coutume de dire : « C'est comme pour les machines. Il faut un peu de jeu, un léger défaut de tension même dans les mécanismes les mieux ajustés. Avec le temps, cette distance entre les pièces permet à chacune de prendre sa place. » Et là, étendus sur la fourmilière qui fonctionnait à la manière d'un seul organisme pour faire face au danger, les causes et les effets le reliaient à Lydie et à Jana.

Il n'aimait peut-être pas encore assez ce pays jurassien très ancien dans la terre duquel sont ensevelies tant de minuscules et d'énormes bêtes préhistoriques, ce pays calcaire à l'inertie primordiale, souvent sec parce que les eaux descendent vers l'intérieur pour vagabonder dans des méandres souterrains, ce pays d'altitude qui ne désapprend jamais la neige au cœur de ses étés régulièrement incléments et dans lequel les hommes, jamais pressés, ont toujours l'air d'avoir beaucoup plus du temps nécessaire pour faire les choses.

Jana a soupiré :

— Vivre par petits bouts…

— Oui, a répondu Ivo.

— C'est comme cela que je veux vivre.

Achevé d'imprimer
en mars deux mille vingt-cinq
sur les presses de CORLET,
à Condé-en-Normandie, France,
pour le compte des Éditions Zoé
Composition CW Design, Belgique
N° d'impression : 25030295

IMPRIM'VERT®